여성과 범죄

여성과
범죄

박선영 지음

맑은샘

《여성과 범죄》는 이제야 세간의 관심을 받고 있는
우리 사회의 민낯에 관한 책입니다.
누구도 마주 대하기 힘들어했던 주제들을 한곳에 모으는 데
시간과 노력이 필요했습니다.

이 책을 미완으로 마무리하였으나
한국 사회의 곳곳에 살아있는
성차별, 성희롱, 성폭력 등 오랫동안 당연히 감수해야 했던 일들을
이제 여성 스스로의 희생으로 세상에 드러내기 시작한 것 같습니다.

여성으로 살아가야 하고
아내로 혹은 엄마로 정해진 역할에 충실해야만 하는
'마당을 나온 암탉'이 되지 않기 위해 인내하는 수많은 여성을 위해
여기저기 흩어진 지식들을 한곳에 모아 보았습니다.

왜 성차별을 받고, 성희롱을 당하고, 가정 폭력을 당하면서도
여성은 인내를 강요받았는지
오랜 시간 고민하면서 시작한 글이기에
부족하지만 많은 여성과 학생들이
관심을 가지고 생각해주길 바라는 마음으로 책을 만들었습니다.

함께 'Me, Too'에 분노하고
함께 '성차별'에 목소리를 높이는 사람들이

세상에 많아지길 바랍니다.

2020년 12월
촛불 하나 켜며

제1장

성차별

여성에 대한 인식

원시 시대부터 여성은 출산, 양육, 가사를 주로 담당하였고 중세 봉건 사회에 와서는 종교적, 신분적으로 여성의 불리한 지위는 신에게 부여된 역할로 인식되었다. 르네상스 이후 학문의 자유, 성생활의 자유 등 봉건 질서에 저항하는 인간성 회복과 함께 여성도 도덕, 종교, 관습에 반기를 들기 시작했다. 남성은 이에 성적 대상으로 여성과 가정에서 아내의 역할을 담당하는 여성을 분리하기 시작했다.

루소는 '인간 불평등 기원론'을 통해 사회적, 정치적 불평등은 해소할 수 있으나 여성에 대한 차별은 자연적, 신체적 불평등에서 오는 자연법에 기인한 것으로 결국 성차별을 인정하는 근거로 자리 잡았다. 근대 사회에서도 자본주의 발달로 몰락하는 가장의 권위 추락 위기를 극복하기 위해 아내를 비롯한 구성원의 지배를 더욱 강화하였다.

프랑스의 경우 프랑스 혁명 이후 사회에서는 인권 선언을 하였으나 가정에서는 '부는 처를 보호하고 처는 남편에게 순종하는 것'으로 명시하였다. 미국에서도 결혼한 여성은 남편의 성을 따르고 법률적 권한을 남편에게 종속된 것으로 보았다. 하지만 산업 혁명 이후 여성은 가정을 벗어나 스스로의 경제 활동을 시작하면서 남편으로부터 독립을 시작했고, 여성의 경제적 지위 획득은 여성의 독립을 가능하게 하였다.

1848년 뉴욕 카네기 홀에서는 1차 여성권리대회가 개최되었고 여성의 권리 선언에서는 결혼 후 여성의 법적 지위 상실, 아내의 남편에의 종속, 국가와 종교 활동에서의 종속적 지위 철폐 등을 주장하였다. 여성의 인격체로서의 지위를 인식하는 선언이었으며 경제적 영역을 넘어 종교적, 사회적, 정치적 영역에서의 남녀평등을 표명하였다.

이렇게 시작된 여성의 사회, 경제적 지위의 향상은 여성의 사회 활동의 영역을 넓히는데 기여했으며, 이는 각종 경제적, 법적인 문제에 여성이 개입하기 시작하면서 가해자, 혹은 피해자로서 여성 범죄의 양적 증가의 원인이 되었다. 최근 미투 운동도 여성들이 공적인 영역에 진출하면서 피해자인 여성이 해고, 승진 상의 불이익 때문에 성희롱, 성차별에 대항하지 못하였지만, 점차 여성들이 지속적인 성희롱, 성차별의 심각성을 인식하고 이에 다수가 대항하기 시작한 것이다.

성性의 개념

1. 성의 개념

성性은 선천적으로 타고나는 생물학적 의미의 성Sex, 후천적으로 교육과 학습을 통해 형성되는 사회 문화적 의미의 성Gender과 성적 의미의 성Sexuality으로 나누어 파악해 볼 수 있다. 즉 남녀는 태어날 때는 젠더적 의미에서는 동일하다는 것이다. 따라서 성평등이란 여성이 태어나면서 가진 성별은 남성과 다르지만 사회 문화적으로 남성보다 열등한 것이 아니라 젠더적 측면에서는 동등한 것인데, 이후 교육 기회의 불평등으로 사회 문화적, 경제적으로 불리한 지위를 가지게 되었을 뿐이다.

2. 생물학적 성Sex

생물학적 의미에서의 성은 태어나면서 결정된 신체적 의미의 여성, 남성을 의미하는 것으로 주로 성차별은 여성으로의 신체적 특성을 이유로 차별하는 것이다. 예를 들면 여성의 체력이 약하다는 이유로 경찰 채용에서 여성의 비율을 제한한다거나 교정직 채용 시 여성은 행정직 업무만을 담당하게 하는 것도 생물학적 성을 기반으로 여성을 차별하는 예이다.

하지만 생물학적 차이를 이유로 남성은 자립적이고 적극성을 가지고 있다는 생각과 여성은 소극적이고 수동적이라는 편견으로 여성에게 하위직에 단순 업무만을 강요하는 것은 성별이 다름을 이유로 여성을 성차별하는 것이다. 남성과 여성의 생물학적 차이를 토대로 여성은 남성에 비해 열등하다는 여성에 대한 차별을 정당화한다. 즉 우월적 지위에 있거나 대다수의 특징이 우월하다는 인식은 구별을 넘어 차별하는 것이다.[1]

남녀의 생물학적 차이 외에 남성에 비해 여성을 비하하거나 차별하는 합리적 근거는 없다는 것이 최근의 성의식이다. 따라서 여성이 과거에 불합리하게 차별받아 참정권과 경제적, 사회적 기회를 제한받은 것을 만회하기 위해서 여성에 대한 잠정적 우대 조치Social affirmative action를 취하고 있다.

3. 사회적 역할에 따른 성Gender

섹스가 생물학적, 해부학적 구조로 타고난 결정된 성이라면 **교육과 학습을 통해 얻은 문화적 습득의 결과 형성된 것이 젠더**이다. 즉 성별을 사회 문화적으로 새롭게 의미화한 것을 젠더라고 볼 수 있고, 사회, 역사적 발전에 따라 여성의 젠더적 역할은 변화해왔다. 예를 들면 남성은 직장에 나가고 여성은 집안일을 하는 것, 회장은 남성이 부회장은 여성이 하는 것 등 여성과 남성의 성 역할을 고정하여 강요하는 것이다.

---

1 이재경 외 5, 『여성학』, 미래엠앤비, 2010, 78.

여성학자들은 성 역할에 대해 남성 중심의 사회에서 권력을 가진 남성들이 여성에게 사회적으로 부과한 것이라고 주장한다. 이는 여성과 남성은 출생 시부터 역할, 능력, 태도의 차이가 있다는 고정 관념에 기초하여 여성의 능력에 대해 불신하고 역할을 고정시켜 생각하는 것이다. 여성이 잘하는 역할과 직업을 가지도록 강요하는 것이고, 특정 부서에, 예를 들면 경리, 서무 등 내근 업무를 시키거나 여성 청소년 부서 등에 장기간 근무시키는 것 등이다.

성에 의한 역할 제한은 대표적인 성차별에 해당하므로 철폐해야 한다는 것이 '여성차별철폐조약'이다. 즉 성별 특성을 살려 여성의 직무 영역, 승진, 교육 등에 차별을 두는 것은 철폐되어야 한다는 의식이다. 성에 의한 분업을 구분한 것은 역사적으로 발전되어온 이데올로기에 불과하고 사회 발전의 필수적인 요소가 아니라는 의식이다.[2] 따라서 사회와 역사적으로 젠더에 대한 의식은 변화되어야 할 것이다. 여성의 사회, 경제적 위치는 역사적인 변화를 거치고 있다.

하지만 업무를 수행하기 위해서 남성인 것이 필수적으로 요구되는 진정직업적격Bona fide occupational qualification, BFOQ이 필요한 경우에는 성에 의한 다른 취급을 받아들이고 있다. 최근 이슈화되고 있는 여성의 경찰 채용 시의 성 분할 모집에서 경찰청이 '업무의 특성상 강인한 체력을 요구하기 때문에 여성은 15%로 제한한다'는 논리는 진정직업적격이 아니라는 이유로 폐지되어 2023년부터 남녀 통합 모집이 시작된다. 하지만 여성이 남성과 동등한 수준의 직업인으로의 역할을 담당하기 위해서는 가사, 육

---

2 소성규, 『법 여성학』, 동방문화사, 1996, 6.

여성과 범죄

아의 사회화를 추구하는 등 국가적 대책 마련이 시급하다. 여성의 역할은 증가했으나 가정에서의 역할은 그대로 남아있다. 남성들이 육아, 가사에 참여하는 것은 아내를 돕는 것에 불과하고 가정에서 아이들의 양육에 대한 책임은 전적으로 여성의 것으로 인식되어 문제가 발생할 경우 비난은 엄마가 받게 된다.[3]

젠더적 관점에서 볼 때 여성의 역할은 아직도 여성이라는 성별 분업의 논리에 갇혀 있다. 사회적, 경제적 역할이 남성과 동등한 수준으로 발전하고 있음에도 가정과 사회에서 여성은 성별 차이에 따른 역할을 강요받고 비난과 책임을 한꺼번에 지고 있다. 즉 이제는 여성이 가사와 육아에서 남성과 그 역할을 분담해 가야 하고 어머니의 역할도 어느 정도 사회, 제도적으로 덜어줄 때 여성은 사회 구성원으로서의 역할과 직업인으로서의 책임을 제대로 수행할 수 있을 것이다.

4. 성적 정체성에 따른 성 Sexuality

섹슈얼리티에 대하여 인간의 성은 생물학적 차이에 의해 결정된다고 보았다. 이에 따르면 남성이 기준이 되고 이성애가 정상적이고 규범적이라고 보는 관점이다. 하지만 역사와 문화를 무시한 결정론에 불과하다는 비판이 있다. 이에 반해 사회 구성론적 입장에서는 인간의 성은 문화, 관계성, 주관성에 따라 재구성되고 선택된다고 보았다. 특히 친족,

---

3 A. Oakely, 「Subjective Women」, Martin Robertson, Oxford, 1981.

가족, 경제적, 사회적, 정치적, 저항성에 기반하여 달라진다고 보았다.[4] 따라서 남성 중심의 사회에서 여성들은 성적 순결과 남성의 성적 도구화가 될 것을 학교, 사회에서 다양한 방법으로 강요받는다. 따라서 섹슈얼리티는 성적인 구분이 아니라 감정과 선택의 문제라는 것이다.

　결국 섹슈얼리티란 성별, 계급, 인종, 연령, 성적 선호 등에 따라 다양하게 변화된다. 성적 욕망이나 성적 정체성은 주체의 위치에 따라 구성되므로 남성, 여성, 이성애자, 동성애자, 게이, 레즈비언처럼 경계가 유동적으로 변화한다. 한국의 성적 섹슈얼리티는 남성 중심적이고, 이성 중심적, 성인 중심적이라고 할 것이다. 동성애를 금기시하거나 성전환자에 대한 부정적 시각을 예로 들면 여성으로 성전환을 하고 성매매하는 경우 폭행을 당하거나 성폭행을 당하더라도 성폭행 피해자로 처리하는 데 어려움을 겪는 것 등이다. 국가 인권위원회에서는 성적 정체성에 따른 차별은 성별에 의한 차별과 달리 처리하고 있다. 한국 사회에서는 성적 정체성에 따른 차별을 관습적으로 허용하고 있다.

4　윅스, 제프리, 『섹슈얼리티: 성의 정치』, 서동진 옮김, 현실문화연구, 1999.

　　　　　　　　　　　　　　　　　　　　　　　　　　여성과 범죄

성차별과 성평등

1. 성차별

정치, 경제, 교육 등 전 영역에서 나타나는 성차별은 여성과 남성은 각각의 고유한 특징으로 그에 적합한 역할이 있다는 전통적 믿음, 성별화된 의식에서 출발한다. 이를 성별 사회화gender socialization라고 한다. 여성에 대한 차별은 태어날 때부터 여성과 남성의 역할은 차이가 있고 인권과 기본적 자유를 누릴 수 있는 권리마저 차이가 있다고 보는 것으로, 여성에 대한 차별을 정당화할 수 있는 근본 인식이라고 할 것이다.

하지만 법 관념으로는 평등권이 규정되어 있고 여성은 특별한 보호와 고용, 임금, 근로 조건에서 부당한 차별을 받지 않는다고 규정되어 있다. 국가인권회에서도 성별, 임신, 출산을 이유로 평등권을 침해받지 않아야 한다고 보고 있다. 따라서 성차별은 여성의 기본적 인권을 침해하는 행위이고 특정성을 합리적 이유 없이 불리하게 대우하는 행위이다.

성평등의 기본은 여성이 근본적으로 평화를 사랑하고, 선하다는 것과 모성애적인 여성성이라는 것은 존재하지 않으며 상황에 따라 변화해서 나타난다는 시각이다.[5] 즉 여성적이라는 것은 편견이라는 것이고 남성과 여성은 사회적 활동에서 차이를 인정하지 않는다.

성차별은 여성에 대한 차별만을 의미하는 것이 아니고 남녀 두 개의 성별에 대한 차별을 모두 포함하고 있다. 최근 이슈가 된 성신여대 성전환 남학생의 입학 거부 사건이나 성전환 군인의 여군 입대 거부 사건은 Sexuality의 동일성에도 불구하고 Sex가 다르다는 이유로 차별을 하고 있는 셈이다. 한국 사회에서는 Sexuality는 본인의 의사로 선택하기 어렵고 Sex에 따라 결정되는 것으로 인식되고 있다. 동성애 역시 같은 이유로 금기시되고 있다.

(1) 직접 차별

남녀를 합리적 이유 없이 구별, 우대, 제한, 배제 등 다르게 대우하여 남성, 또는 여성에게 불리하게 대우하는 것이다. 여성은 특정한 업무를 하지 못할 것이고, 육아, 가사 등으로 업무를 제대로 하지 못할 것이라고 보고 특정 직위에 채용하지 않거나 승진시키지 않는 것이다. 성별 분리 호봉제, 결혼·임신·출산 퇴직제, 여성 조기 정년제 등이다. 예를 들면 경찰 모집 시 여성을 15%로 제한하거나 교정직에 여성은 일반 행정직으로만 채용하는 것 등이다. 직무의 적격성에 성별이 기준이 될 수 없음에도 성별을 이유로 채용, 승진, 교육, 시설, 업무 등에 제한을 두는 것이 직접 차별이다. 이러한 차별은 결국 여경의 능력 저하로 이어질 것이다.

경찰 공무원 급여 및 대여품 규칙에 의하면 방한모, 방한화, 방호 장갑, 지휘관 표장, 전투 장구 일체, 호신용품 중 일부는 남자 경찰관에게만 지급하도록 규정되어 있다. 이는 여자 경찰관의 업무가

---

5 강남식 외, 『새여성학 강의』, 동녘, 1992.

내근이나 여성 청소년 등에 한정된 것도 있으나, 지금까지 여자 경찰관이 경비, 형사, 진압 관련 부서에서 근무하지 못했다는 것을 보여 준다. 남녀 고용평등법상 성별에 따른 부서 배치의 제한 금지를 위반한 것이다. 여자 경찰관의 업무 능력에 대한 불신과 여성에 대한 차별이 작용한 것으로 추정할 수 있다. 지휘관 표장도 남자 경찰관에게 지급되는 물품으로 규정되어 있는 것도 상위직이나 지휘관급에 여자 경찰관이 거의 없기 때문이다. 그동안 업무 배치 승진에서 여자 경찰관은 소외되어 왔음을 알 수 있다.

소방 공무원의 경우도 채용 단계부터 성별 분할 모집을 하고 있고 소방 공무원 임용령 33조에 보면 소방 공무원의 채용 시험은 계급별로 실시한다. 다만 결원 보충을 원활히 하기 위해서는 직무 분야별, 성별, 근무 예정 지역 또는 근무 예정 기관별로 구분하여 실시할 수 있다고 규정하고 있다. 여성에 대한 채용, 직무 배치에 제한을 법령으로 규정하고 있다. 여성 소방관이 소방 업무에 부적합하다는 결론은 진정직업적격Bona fide occupational qualification, BFOQ에 대한 과학적 증명이 없는, 한국 사회의 여성에 대한 불신에 불과할 수 있다.

(2) 간접 차별
남성과 여성을 동일한 조건으로 대우하지만 그 조건이 일방에 불리하게 작용하는 경우를 간접 차별이라 한다. 미국의 경우 성 중립적인 기준이 특정 성에 불평등한 효과를 가져온다는 증거를 제시하였다. 엘라베마 교도관 채용 시 신장 158㎝, 체중 120파운드 기준은 여성 지원자에게 불합리한 기준이며 이는 민권법 7조 위반으로 보았다. 신체 기준이 표면적으로 중립이지만 여성 배제의 수단으로 활용되는 간접 차별로 보았다. 교도소에서는 교도관의 업무 수행에 체력이 중요한 요소라고 하였으나 증명하지 못했다.

2023년부터 경찰청에서도 남녀 성 분할 모집을 폐지하고, 상체 근력 위주의 체력 시험을 유지하는 한 여성 지원자의 상당수 탈락이 예상된다. 이는 체력 기준 상향 조정을 통한 여성 지원자에 대한 간접 차별이다.

성평등이란 헌법상의 평등 이념에 따라 남녀의 평등한 기회를 보장하고 모성 보호, 여성 고용을 촉진하여 근로자의 일과 가정의 양립을 지원해 모든 국민이 삶의 질 향상에 이바지하는 것을 목적으로 한다. 성별, 혼인, 가족에서 지위, 임신, 출산을 이유로 채용, 근로 조건을 다르게 하거나 채용 근로 조건은 같으나 여성, 혹은 남성이 현저히 적거나 채용 기준이 특정 성에게 불리한 결과를 초래하는 결과를 유발하는 간접 차별도 포함한다.

경찰 체력 시험에서 남녀에게 동일한 종목과 기준을 적용하여 선발하더라도 여성 지원자가 지나치게 적게 선발되거나 체력 시험이 여성 지원자에게만 불리하게 상체 근력 위주로 편성되는 것은 여성 지원자에 대한 간접 차별에 해당할 것이다.

하지만 여성 근로자가 임신, 출산, 수유 등을 이유로 모성 보호에 따른 조치를 하는 것은 적극적 고용 개선 조치에 해당한다. 여자 경찰이나 여성 근로자가 육아를 위해서 야간 근무 면제를 신청하거나 근로기준법에 의해 여성 근무 시 본인의 동의를 구하도록 하는 것도 모성 보호라는 정당한 이유에 의한 것이고 차별이나 불합리한 특혜로 볼 수 없다. 인권 보호나 기본권으로 인식해야 할 것이다.

2. 성평등

성평등Gender Equality이란 성별의 차이를 이유로 폭력, 차별, 소외를 받지 않고, 인권을 동등하게 보장하고 모성이 보호되며 남녀의 사회 참여를 동등하고 평등하게 이루어가는 것이다. 성평등의 목표는 여성의 능력을 개발하고 사회 경제적 발전 속에서 여성이 한 인간으로서 역할을 담당하고 스스로 자아실현을 도모하는 것이다.

(1) 성별 특질론의 부정

성별 특질론이란 개인적 특성을 부정하고 남성 중심적 관점에서 여성은 열등하고 부차적인 것으로 보는 것이다. 여성과 남성의 기준을 정해 이를 벗어난 것을 비정상적인 것으로 본다. 여성은 수동적이고 섬세한 것으로 보고 남성은 리더십이 강하고 주도적인 성향이 강하다고 보는 것도 성별 특질론에 기인한 것이다. UN 여성 차별 철폐 협약에서는 성별 고정 관념에 기인한 편견, 관습, 관행 등은 성차별에 불과하다고 보았다. 그럼에도 불구하고 직장에서 여성을 관리 감독하는 것은 거의 남성이다. 노조마저도 남성이 조합장을 맡고 있어 여성의 집단행동은 거의 없는 상황이다.[6] 가부장적 관행이 가정을 넘어 직장에서까지 존재하고 있는 것이다.

(2) 남녀의 생래적 차이 인정

여성의 임신, 출산, 수유는 모성 보호의 관점에서 유지되어야 한다는 것을 UN의 여성 차별 철폐 협약, 경제적, 사회적 문화적 권리에 관한 국제 규약에서 확인하였다. ILO의 모성보호협약에서는 임신, 출산 등의 문제로 인해 여성이 차별받아서는 안 되고 법적, 제도적 차원에서의 보호를 받아야 한다는 점을 명시하고 있다. 이는 여성과 남성의 생래적 차이를 인정한 것이다.

전통적 성별 역할의 차이를 인정하는 관점에서 여성은 권력 구조의 밖에 존재하였다. 성 역할의 고정 관념은 직장에서 모든 기준을 남성 위주로 정립시켰고, 여성이 교육 등 인적 자본을 축적하는 기회를 박탈당하고 가정의 역할에만 집중할 수밖에 없도록 하여 여성은 성차별의 장벽을 경험하게 된다. 이러한 성별 직업 분리Occupational gender segregation는 여성을 저임금, 계약직에 머무르도록 하고 있고, 여성을 하위직 노동자로 전락시키는 차별의 수단으로 오랫동안 사용되어 왔다. 이에 UN은 여성차별철폐협약, 북경행동강령 등에서 남녀가 직장생활, 사회생활, 가정생활을 조화롭게 양립할 수 있도록 하고 여성을 잠정으로 우대하여 사회 참여를 촉진해 남녀평등을 추구하는 정책을 마련하려고 노력하고 있다.

---

6 J. Lown, 「Not So Much a factory, More a Form of patriarchy: Gender and Class During Industrialization」, in Garmarnikow et al, 1983.

여성과 범죄

(3) 실질적 성평등

실질적 성평등은 기본적인 육아, 가사 노동의 남성 참여, 여성의 정치, 사회의 참여 등 성차별과 젠더 폭력에서 여성이 해방되는 것을 의미한다. 남녀평등은 여성만의 문제가 아니라 인권의 문제이고 정의 실현, 평등, 조화의 문제이다. 실질적 성평등은 여성으로의 권리 보호와 육아, 가사의 분담 등 개인적, 사회적, 가정에서의 성평등이 실현될 때 가능한 것이다.

하지만 한국에서 여성의 지위와 수입이 높은 것을 남성의 입장에서는 불편하게 느끼고, 특히 가정에서 맞벌이를 원하면서도 아내의 수입이 높은 경우 갈등이 심화되고 이혼에 이르는 경우가 상당수 있다. 여성은 남성의 보조적 지위에 있는 것을 자연스러운 것으로 여기는 인식이 바뀔 수 있도록 여성의 경제적 사회적 진출이 활발히 이루어지고 여성의 직업적 능력과 존재감 등이 높아져야 실질적 평등이 가능할 것이다. 이를 위해서 개인적 노력도 필요하지만 여성을 가정과 직장에서 하위 부류에 한정하는 성차별적 의식과 관행 또한 없애 나아가야 할 것이다.

실질적 성평등을 위해서 UN의 여성차별철폐협약을 통해서 성차별을 규제하는 법안을 마련하였으며 동일 노동에 종사하는 남녀 근로자에게 동일 임금을 지급하는 법 제도를 마련하고 성차별 피해자의 시정 요구를 조사 처리하도록 하였다. 성차별은 가정을 넘어 사회의 곳곳에 실존하고 있고 이를 성차별의 사회화라고 한다. 이는 사회적 국가적 의식 전환을 위한 의식 개혁 노력과 법적, 제도적 개혁이 함께 이루어져야 실질적 성평등이 가능한 이유이다.

성평등을 위해서 1995년부터 성 주류화 정책이 시행되었는데 성 주류화gednder mainstreaming란 성별 민감성을 기반으로 전체 사회에 젠더 관점의 해석과 시각을 이해시키고 사회 구조의 변화를 추구하는 성평등적 패러다임이다. 북경의 세계 4차 여성 회의에서는 정부의 모든 정책과 프로그램에서 성 관점을 주류화하여 정책을 마련하고 여성과 남성에 미치는 영향 분석까지 마련하여야 한다는 결정을 내렸다.

성 주류화에서는 여성의 동등한 참여, 여성과 남성의 요구와 경험의 차이가 있다는 것을 인정하고 지위과 권한을 나누는 기준과 방식에 대한 새로운 시각을 나타낸다. 성 주류화 정책은 여성sex의 문제를 젠더적 여성의 관점에 포인트를 맞추고 사회 문화적 측면에서의 여성의 지위와 역할의 한계를 설정하는 측면에 반기를 든 것으로 이해된다. 이는 사회뿐만이 아니라 개인적, 가정 내의 여성의 지위와 역할에까지 근본적 의식의 전환을 의미한다.

여성 운동

여성 운동은 가부장제의 철폐와 성차별의 타파, 여성의 성적 자율권과 주체성 확보를 주장한다. 한국 여성 운동은 여성도 남성과 함께 모든 생활 영역에서 동등한 지위와 권리를 갖기 위해 노력하고자 계몽 운동기에 자유·평등·개혁 사상과 함께 여성의 권리에 대한 관심으로부터 시작되었다.

1. 해방 이전

개화기에 서구의 교육을 받은 여성들이 자기 정체성을 갖고 여성 단체를 조직한 것에서 여성 운동이 시작되었다. 최초의 여성 단체는 찬양회와 여우회女友會이고, 여우회에서는 최초의 여성 교육 기관인 순성 여학교를 설립하였다. 경복궁 앞에서 축첩 반대 시위와 1907년 '국채보상부인회', '송죽비밀결사대', '혈성단애국부인회', '대한민국애국부인회' 등을 중심으로 국채 보상 운동을 하였다. 해방 이전의 여성 운동은 여성 교육권 보장과 교육 기회 균등을 요구하였다. 당시의 교육 평등과 애국 활동의 성격을 띠고 있다.

2. 일제 강점기

일제 강점기 여성 운동은 첫째는 남녀의 평등한 권리 확립을 목표로 하는 교육 계몽 운동이고, 둘째는 계급적 차별에 대항하는 반봉건 투쟁을 하는 여성 계급 운동으로 파악된다. 이후 1927년 근우회로 통합되었고, 전국적으로 운동을 전개하다가 1930년 일제의 탄압으로 근우회가 해산되었다.

근우회는 1924년 사회주의 여성 단체인 조선여성동우회와 통합된 여성 운동 조직으로 가부장제와 식민지 자본주의에 저항하였다.

3. 미 군정기

일제 강점기에는 우익 단체를 지원하는 기독교계 여성들을 중심으로 조선여자국민당, 한국독립촉성애국부인회 등을 조직하였고, 우익 정치 단체들의 정치 활동을 지지하였다. 프롤레타리아 여성 운동은 자주적 독립 국가 건설과 여성 해방을 목표하였다. 전국 조직인 조선부녀총동맹을 중심으로 1948년 2월 공창제 폐지를 주도하였다.

하지만 미 군정의 지지를 받던 우익 여성 단체들은 6·25 전쟁 피난민, 불우 여성, 고아들을 대상으로 구호 사업을 하였다. 미 군정 시기에 전문적인 여성 단체들인 여성문제연구원, 대한약사회, 가정법률사무소 등이 1959년 한국여성단체협의회로 발전하였다. 이 시기의 여성 운동은 여성 해방 운동보다는 주로 약자 구호의 봉사 활동을 하였다.

여성과 범죄

4. 1960~1970년대

이 시기의 여성 운동은 취미나 교양 위주의 목적으로 여성들이 단체를 조직하고 유신 정권을 지지하는 우익적 여성 단체의 활동을 주로 하였다. 1973년 '범여성가족법개정촉진회'를 만들고 가족법 개정과 성차별 조항을 완화하는 범위 내에서 가족법을 개정하였다. 한국소비자연맹과 소비자보호협의회를 중심으로 소비자 보호 운동도 하였다.

크리스찬 아카데미는 여성 문제를 사회 문제의 차원에서 이해하고, 여성 운동의 방향을 지위 향상보다는 인권 중심으로 파악하고 근로 여성, 중산층 여성, 주부, 전문직 여성 등을 대상으로 여성 교육 운동과 가족법 개정 운동, 미인 대회 폐지 운동을 전개하였다.

여성 노동자들의 모임인 '여성해방노동자기수회'는 사회 민주화 운동과 여성 노동자 운동을 시작하였고 민주화를 통해 젠더 문제와 노동 문제 해결을 주장하였다.

이후 1960년대, 1970년대 유신 시대 여성 운동은 사회민주화운동에 통합되어 여성 운동으로서의 정체성을 잃고 젠더 문제를 부차적인 문제로 파악한 면에서 여성 운동의 침체기로 평가받는다.

5. 1980년대

1980년에는 여성 해방을 목표로 여성 운동의 본질을 회복하였다. '여성평우회女性平友會', '여성의 전화', '민주화운동청년연합의 여성부', '또 하나의 문화', '교회여성운동단체' 등이 조직되었다.

여성평우회는 가부장적 사회 구조가 여성 문제의 원인이라 보았고, 1980년대 이후 여성 운동의 정신적 기반이 되었다. 여성평우회는 25세 여성 조기 정년제 철폐 운동을 추진하였다. 1985년 제1차 3·8여성대회부터 여성단체협의회와 연대를 이루었고, '민족·민주·민중'과 함께하는 1985년 '여성운동선언'을 하였다. 이후 '여성생존권대책위원회'를 발족시켰다.

1980년대 여성 노동자들은 모성 보호와 같은 젠더 문제를 해결하기 위해 여성 운동을 하였는데, 노동 현장에서의 성폭력이나 폭력 등, 최근 대두된 미투 운동과 같은 여성의 인권 문제를 이슈화하였다. '여대생추행사건대책위원회'를 조직하고, 26개 단체가 '여성단체연합 성고문대책위원회'를 결성하여 여대생에 대한 성폭력 반대 운동을 여성 운동의 목표로 삼았다.

이 시기의 여성 단체는 소규모 모임과 대중 매체 활동을 통하여 한국 사회의 가부장적 권위주의, 성차별 해소를 목표로 하였다.

1987년 21개 여성 단체가 연합하여 '한국여성단체연합'을 출범하였고,

여성 지식인과 여성 노동운동가들이 연합하여 '한국여성노동자회'를 창립하였고, '한국여성민우회'를 중심으로 주부들이 여성 운동에 참여할 수 있었다.

전국에 여성 운동 단체가 만들어졌고 여성 운동을 지역 기반으로 시작하여 여성 운동의 대중화가 시작되었다. 노동 문제를 여성 운동의 목표로 인식하였고, 인천노동자회, 부천여성노동자회, 부산여성노동자의집 등이 전국적으로 만들어졌다. 대전, 대구, 전주, 광주 등을 기반으로 한 여성 단체도 출범하여 전국적으로 여성 운동이 확산되었다.

1980년대 여성 운동은 빈민, 농민, 생산직과 사무직 여성 노동자들이 민주화, 여성 생존권, 여성 권익 향상, 남녀고용평등법 및 가족법 개정운동, 탁아 입법, 인신매매 및 성매매 방지 운동 등 여성을 위한 법과 제도 개정을 위해 노력하였다.

여성주의를 기본으로 여성 운동에 대한 연구가 시작되었고, 여성의 성차별적 지위와 계급에 대한 논의가 시작되었다. 여성 운동에서도 정치투쟁을 의식하였다. 1987년에 21개 여성 단체가 여성단체연합을 결성하였다.

6. 1990년대

1990년대 여성 운동은 성폭력 추방 운동, 문화 운동, 노동 운동, 법 제도의 정치화와 성폭력 추방 운동이 중심이 되었다.

1990년대 성폭력 운동은 성폭력이 남녀 사이의 불평등한 권력관계에서 발생하는 사회적 폭력이라는 것을 인식하기 시작했다. '여성의 전화'와 '한국성폭력상담소'를 중심으로 성폭력 피해자를 지원하였고, 위안부 문제에 대한 관심을 기울였다.

'여성연합'과 '한국여성단체협의회' 등 56개 여성 단체가 모여 '할당제', '위안부 문제' 해결을 위한 국제적 연대를 하는 1995년 베이징 세계여성대회가 시작되었다. 여성을 정치 세력화하였고, 1995년 지방 자치 선거를 앞두고 지방 자치 시대 여성 정치 진출과 활성화를 도모하였다.

여성 노동자 운동을 통해 여성 노동권과 여성 빈곤 문제 해결에 앞장섰다. 빈곤 문제와 폭력 추방 운동을 추진했고, 1997년 '평화를 만드는 여성회'가 창립된 후 남북한 민간 교류 사업을 계승하면서 여성주의적 평화 운동을 전개하였다.

7. 2000년 이후 여성 운동

여성 장애인, 소수 여성, 이주 여성이 운동의 주체가 되었고, 영화 등이 제작되면서 문화 영역으로 넓혀졌고, 국제적 네트워크가 구축되었다. 특히 실업, 성폭력, 여성 장애인의 차별에서 비롯된 빈곤과 폭력에 관심을 가졌다. 1999년 '한국여성장애인연합'이 설립되었고 이주 여성의 모임이 만들어졌다.

여성과 범죄

비정규직 여성 노동자들의 노조인 '전국여성노동조합'과 '서울여성노동조합'이 조직되어 여성 노동자 운동은 권리 보호와 차별 철폐에 힘썼고, 비정규직 여성 노동자들의 기본권 보장을 위하여 공동대책위원회가 결성되었다.

이후 젠더가 이슈화되고 여러 가지 성인지적인 정책 수립이 되었고 여성 전담 기구 설립과 정부위원회에 30% 여성 할당제가 시행되었다. '성평등 사회 실현, 성매매 피해 여성 및 성적 소수자 여성, 이주 여성'으로 이슈가 확대되었다.

호주제 폐지, 여성 관련 법률 제정, 성폭력특별법, 가정폭력방지법, 성매매방지법이 제정 시행되어 여성 관련 폭력의 원인은 사회적으로 구조화된 폭력으로 보았다. 대부분의 국가 정책에 성인지 관점과 성 주류화 전략이 도입되었다.

여성 정책

　성희롱 등 젠더 폭력과 여성에 대한 차별은 여성의 사회 경제적 지위
가 낮은 데서 발생한다. 1995년 이후 UN의 성 주류화Gender mainstreaming에
서는 사회의 전 분야와 정책 등에서 여성의 참여를 유도하여 남녀가 동
등하게 권리를 행사할 수 있도록 하는 것을 주요 정책으로 하고 있다.
사회에서 권력을 재분배하기 위해서 여성을 세력화하는 것을 주장한다.
여성 정책은 여성을 보호하고 여성의 지위를 향상하기 위한 정책이다.
여기서 여성이란 사회적 성별 관계의, 즉 젠더적 의미의 여성을 말한다.
여성 정책은 젠더 관계의 여성 위치의 변화이고 정의적 관점의 동등한
기회의 이슈이다. 남성에 대한 여성의 종속적 관계로 인해 나타난 성적
불평등을 개선하기 위한 것이다.[7]

　한국의 여성 정책 기구는 1946년 보건후생부의 부녀국을 시작으로
1963년 부녀국을 부녀아동국으로, 1981년 가정복지국으로 재편하였다.

　1980년도까지의 여성 정책은 요보호 여성의 구체적인 측면으로 진행
되었으나 1981년의 부녀소년과는 여성과 청소년 근로자 보호를 목적으
로 설립되었다. 1983년 여성 정책 개발 업무를 담당으로 하는 한국여성
개발원이 설립되었으며 같은 해 12월 여성정책심의위원회가 마련되었

7　이재경 외 1, 『여성학』, 미래인, 2010.

다. 1983년 여성정책심의위원회를 시작으로 여성 관련 업무를 독립적으로 다루기 위해 1988년에는 여성 관련 법안이 마련되었고, 1985년 여성의 조기 정년 철폐 요구 소송을 계기로 1986년 여성 결혼 퇴직제가 폐지되었다. 1987년에는 진보 여성 운동 단체인 '한국여성단체연합'을 결성하여 정부 교섭력을 가지기 시작했다. 1987년에는 남녀고용평등법이 제정되었으며, 1989년에는 여성 보호에서 잠정적 우대 조치와 평등의 개념을 도입하였다.

1988년 정무 2장관실로 편제되면서 여성, 아동, 청소년, 노인, 문화까지 그 범위가 확대되었다. 1990년에는 차별 금지 법안들이 여성정책심의위원에서 만들어졌다. 1998년에는 대통령 직속 여성 특별위원회가 만들어졌고, 행정자치부, 법무부, 노동부, 보건복지부, 교육인적자원부, 농림부에 여성 정책 담당관실이 설치되었다. 이후 여성 공무원 채용 목표제, 비례대표 여성 공천 할당제, 국공립대 여성 교수 채용 목표제가 시행되었다.

1991년에는 '영유아보호법'을 통해 모성은 제도화를 통해 보호해야 하고, 비용은 부모와 국가, 사회가 보호해야 한다는 점을 명백히 하였다. 이후 남녀고용평등법의 도입으로 남녀 모두에게 육아 가사 책임을 명백히 하고, 육아 휴직제 도입으로 여성 운동의 기본적 정책 방향을 제시하였다. 이후 여성 정책은 근로, 육아, 모성 보호, 더 나아가 성폭력, 가정폭력, 성매매 이슈에 대하여도 근본적인 대책을 제시하였다.

2001년 여성부가 출범하면서 남녀평등의 문제가 조직 체계를 갖추고 정부 기구로 인정받기 시작하였다. 주요 업무는 성인지 분석과 평가, 여성 정책 수립 시행, 여성 인적 자원 개발, 남녀 차별과 여성 폭력 예방 규제 등 인권 보장의 국내외 협력 기능을 기본으로 한다.

2003년부터는 여성공무원 채용목표제에서 양성평등채용목표제로 전환되었다. 여성이 공적 영역과 노동 시장에서 차별받고 있었다는 인식에 정부가 공감하고 적극적 제도를 마련한 것이다. 2001년에는 입법, 준사법권이 있는 여성부가 출범하여 여성 차별에 강제력을 수반한 여성 정책을 시행할 수 있게 되었고, 성별 영향 평가를 통해 정부 정책에 여성 차별적 요소를 파악하고 개선하는 것에 법 제도적 정당성을 마련하였다.

2005년에는 여성부에서 여성의 역할과 권리가 공적 영역뿐만 아니라 가정에서의 근본적인 인식 전환 및 가정 폭력 등에 대응할 수 있도록 가정에서의 여성 평등 실현을 위해서 여성가족부로 개편되었다. 이제 양성평등은 공적 영역에서 사적 영역까지 전파력과 정당성의 근거를 마련한 셈이다.

성 주류화 정책에서는 대통령 직속 여성특별위원회를 두고 6개 부처에 여성 정책 담당관제를 두고 여성 운동 지도자들을 페미니스트 관료 Femocrat로 제도권에 흡수하였다. 2004년에는 성매매방지법을 통해 남성 중심의 성 문화와 여성의 상품화에 대하여 투쟁을 하였다. 남녀평등의 현실화를 위해서는 법, 제도적 장치가 남녀평등 인식에 맞추어 여성 인권 회복 차원에서 마련되어야 할 것이다. 하지만 남녀 성 대결의 양상이 되지 않도록 양성평등적 정책 마련에서 잠정적 우대 조치를 포함하여 근본적인 방향이 정해져야 할 것이다.

《제6절》
성평등 관련법

1. UN 여성 차별 철폐 협약

1947년 유엔 여성지위위원회에서는 여성 정책에 대한 독립성을 인정하였다. 여성 발전WID: Women in Development이라는 개념으로 경제 사회의 발전이 여성과 남성 모두에게 긍정적 효과를 미칠 것으로 보았고, 여성이 이제까지 발전 과정에서 소외되어 권익과 지위에서 불평등한 대우를 받았다는 것이다. 실질적 성평등에서는 성별 분업에 대한 저항보다는 여성 발전에 중점을 둔다. 1985년에는 젠더와 발전GAD이라는 개념으로 남성과 여성의 지위와 역할, 권력관계의 차이에 대하여 여성에서 젠더의 관계에 중점을 두고 여성의 지위 향상을 주요 이슈로 삼는다. 1995년 북경의 세계여성회의에서 '젠더와 발전'이라는 주제로 젠더의 시각을 정책 전 분야에 적용한다는 성 주류화Gender mainstreaming로 여성 정책의 패러다임이 형성되었다.

ILO에서는 인종, 피부색, 성별, 종교, 정치적 견해, 사회적 신분을 이유로 이루어지는 모든 배제, 고용, 직업에 있어서의 기회를 제한하는 것을 차별로 보고 있다. 하지만 모성 보호나 잠정적 우대 조치는 여성의 신체적, 생리적 특성에 따른 본질적 차이로 모성 보호를 이유로 다르게 대우하는 것은 '실질적 평등'에 해당한다. 즉 모성 보호는 사회 유지 기능과 생명 보호의 가치를 포함하는 필요 불가결한 인권 보호적 측면으로 인식해야 한다. 모성으로 역할을 다하기 위해 동일한 임무를 수행할 수 없는 여성에게 기회의 균등 차원에서 모성의 역할을 사회, 국가가 도와준다는 제도적 보완으로 이해해야 할 것이다.

UN에서는 여성의 인권 문제를 전담하는 여성지위위원회를 두고 여성에 대한 차별을 철폐하기 위한 활동을 하고 있다. ILO에서도 여성 근로자 보호를 위한 국제 노동 기준을 세우고 여성에 대한 차별 철폐와 남녀 고용 평등에 노력하고 있다. 여성의 입장에서 여성에 대한 차별과 폭력, 소외, 편견을 철폐하기 위한 페미니즘에 기초하고 있다.

2. 근로기준법에 의한 여성 차별 금지

통계청에 의하면 여성의 경제활동 인구는 해마다 증가하고 있다.

하지만 여성의 그 생래적 특징과 가사, 육아, 임신, 출산 등의 부담으로 활동에 제약이 뒤따른다. 이러한 부담을 여성 개인이 책임지도록 강요하는 것은 출산율 저하, 국가경쟁력 저하를 야기한다.

따라서 여성의 가정에서의 부담과 신체적 한계를 고려한 법, 제도적 장치가 마련되어야 할 것이다.

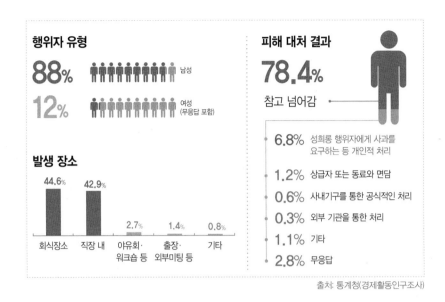

행위자 유형

88% 남성

12% 여성 (무응답 포함)

발생 장소

44.6% 회식장소
42.9% 직장 내
2.7% 야유회· 워크숍 등
1.4% 출장· 외부미팅 등
0.8% 기타

피해 대처 결과

78.4% 참고 넘어감

6.8% 성희롱 행위자에게 사과를 요구하는 등 개인적 처리
1.2% 상급자 또는 동료와 면담
0.6% 사내기구를 통한 공식적인 처리
0.3% 외부 기관을 통한 처리
1.1% 기타
2.8% 무응답

출처: 통계청(경제활동인구조사)

(1) 위험 사업의 사용 금지(65조)

① 사용자는 임신 중이거나 산후 1년이 지나지 아니한 여성과 18세 미만자를 도덕상 또는 보건상 유해·위험한 사업에 사용하지 못한다.

② 사용자는 임산부가 아닌 18세 이상의 여성을 제1항에 따른 보건상 유해·위험한 사업 중 임신 또는 출산에 관한 기능에 유해·위험한 사업에 사용하지 못한다.

이는 여성을 무능력하고 나약한 존재로 보는 것이 아니라 생물학적 신체적 차이를 감안한 것이고, 여성이 모성과 임신, 출산, 육아를 담당하며 이중적으로 부담을 안고 있는 상황을 고려한 것이다. 배분적 성평등 책임을 국가와 사회에서 분담할 때 여성이 한 인격체로서의 역할을 다할 수 있다.

(2) **모성 보호**(73조, 75조)

① 사용자는 임신 중의 여성에게 출산 전과 출산 후를 통하여 90
일(한 번에 둘 이상 자녀를 임신한 경우에는 120일)의 출산 전후 휴가
를 주어야 한다. 이 경우 휴가 기간의 배정은 출산 후에 45일
(한 번에 둘 이상 자녀를 임신한 경우에는 60일) 이상이 되어야 한다.

② 사용자는 임신 중인 여성 근로자가 유산의 경험 등 대통령령으
로 정하는 사유로 제1항의 휴가를 청구하는 경우 출산 전 어느
때라도 휴가를 나누어 사용할 수 있도록 하여야 한다. 이 경우
출산 후의 휴가 기간은 연속하여 45일(한 번에 둘 이상 자녀를 임
신한 경우에는 60일) 이상이 되어야 한다.

③ 사용자는 임신 중인 여성이 유산 또는 사산한 경우로서 그 근
로자가 청구하면 대통령령으로 정하는 바에 따라 유산·사산
휴가를 주어야 한다.

④ 생후 1년 미만의 유아乳兒를 가진 여성 근로자가 청구하면 1일 2
회 각각 30분 이상의 유급 수유 시간을 주어야 한다.

여성은 출산, 육아 등으로 경제적 생활을 유지할 수 없고, 직
장으로 복귀하여도 수유, 가사, 양육을 전담하고 있다. 이러한
상황을 무시하고 남성과 동일한 수준으로 직무를 감당하도록
강요하는 것은 여성에게 우울증, 상실감 등으로 직장과 사회에
서 격리되는 상황을 초래할 수 있다. 여성 인력 활용 차원에서

여성과 범죄

도 불합리한 측면이 있고 건전한 사회인으로의 역할과 복귀를 가로막게 된다.

(3) 야간, 휴일 근로의 제한

① 사용자는 **18세 이상의 여성을 오후 10시부터 오전 6시까지의** 시간 및 휴일에 근로시키려면 그 근로자의 동의를 받아야 한다.

② 사용자는 **임산부와 18세 미만자를 오후 10시부터 오전 6시까지** 의 시간 및 휴일에 근로시키지 못한다. 다만, 다음 각 호의 어느 하나에 해당하는 경우로서 고용노동부 장관의 인가를 받으면 그러하지 아니하다.

　　가. 18세 미만자의 동의가 있는 경우

　　나. 산후 1년이 지나지 아니한 여성의 동의가 있는 경우

　　다. 임신 중의 여성이 명시적으로 청구하는 경우

(4) 탄력적 근로 시간 제한

① 사용자는 취업 규칙(취업 규칙에 준하는 것을 포함한다)에서 정하는 바에 따라 2주 이내의 일정한 단위 기간을 평균하여 1주간의 근로 시간이 제50조 제1항의 근로 시간을 초과하지 아니하는 범위에서 특정한 주에 제50조 제1항의 근로 시간을, 특정한 날에 제50조 제2항의 근로 시간을 초과하여 근로하게 할 수 있다. 다만, 특정한 주의 근로 시간은 48시간을 초과할 수 없다.

② 사용자는 근로자 대표와의 서면 합의에 따라 다음 각 호의 사항을 정하면 3개월 이내의 단위 기간을 평균하여 1주간의 근로 시간이 제50조 제1항의 근로 시간을 초과하지 아니하는 범위에서 특정한 주에 제50조 제1항의 근로 시간을, 특정한 날에 제50조 제2항의 근로 시간을 초과하여 근로하게 할 수 있다. 다만, 특정한 주의 근로 시간은 52시간을, 특정한 날의 근로 시간은 12시간을 초과할 수 없다.

　가. 대상 근로자의 범위
　나. 단위 기간(3개월 이내의 일정한 기간으로 정하여야 한다)
　다. 단위 기간의 근로일과 그 근로일별 근로 시간
　라. 그 밖에 대통령령으로 정하는 사항

③ 제1항과 제2항은 15세 이상 18세 미만의 근로자와 임신 중인 여성 근로자에 대하여는 적용하지 아니한다.

임신 중인 여성에게는 탄력적 근로 시간제를 통해 여성 근로자에게 과중한 업무 부담이 있을 수 있으므로 탄력적 근로제를 적용하지 않는 것이다. 이는 모성 보호를 위한 조치이지 근로에 있어서 여성을 과도하게 보호하거나 역차별하는 게 아닌 생물학적 차이를 인정한 조치이고 여성의 온전한 근로자로의 지위 회복을 위한 법적 보호임을 인식해야 할 것이다.

3. 남녀 고용 평등 및 일 가정 양립 지원에 관한 법률

(1) 성차별 금지

'차별'이란 사업주가 근로자에게 성별, 혼인, 가족 안에서의 지위, 임신, 또는 출산 등의 사유로 합리적인 이유 없이 채용 또는 근로의 조건을 다르게 하거나 그 밖의 불리한 조치를 하는 경우, 즉 사업주가 채용 조건이나 근로 조건은 동일하게 적용하더라도 그 조건을 충족할 수 있는 남성, 또는 여성이 다른 한 성性에 비하여 현저히 적고 그에 따라 특정 성에게 불리한 결과를 초래하며 그 조건이 정당한 것임을 증명할 수 없는 경우를 포함한다.

다만, 다음 각 목의 어느 하나에 해당하는 경우는 제외한다.
가. 직무의 성격에 비추어 특정 성이 불가피하게 요구되는 경우
나. 여성 근로자의 임신·출산·수유 등 모성 보호를 위한 조치를 하는 경우
다. 그 밖에 이 법, 또는 다른 법률에 따라 적극적 고용 개선 조치를 하는 경우

'불리하게 대우한다'는 의미는 임금, 그 밖의 근로 조건 등에 있어서 합리적 이유 없이 불리하게 처우하는 것을 말한다. 사용자는 근로자에 대하여 남녀의 성을 이유로 차별적 대우를 하지 못하고 국적, 신앙, 또는 사회적 신분을 이유로 차별적 대우, 혹은 불리한 대우를 하지 못한다. 근로 조건에서 불이익을 주는 행위는 인격을 포함한 대우 전반에 걸쳐 합리적 이유 없이 불이익을 주는 것을 의미한다.

남녀고용평등법상의 '합리적 이유'란 성별 차이를 근거로 다르게 대우하거나 채용하는 등의 이유에는 사업의 목적과 직무 성질, 직업 조건 등을 구체적, 종합적으로 고려하여 다르게 대우할 필요성이 인정되어야 한다. 채용, 임금 승진, 정년, 해고 등에 성별이 기준이 될 때 특히 합리적 이유가 문제 된다.

남녀고용평등법에 의하면 해당 사업의 목적과 직무의 성질, 태양, 작업 조건 등을 구체적 종합적으로 고려하여 기업 경영상 남녀를 다르게 대우할 필요성이 인정되고, 그 방법, 정도 등이 적정하여야 한다. 미국의 경우 특정 성에 대하여 다른 성에 비하여 우대, 배제, 제한 조치에 대한 성차별 여부를 판단함에 있어서 정부의 중요한 목적을 판단의 기준으로 하고 있다. 즉 정부의 필요 불가결한 이익이 있고 수단은 필수적이어야 한다. 그 목적과 수단도 비례 관계가 성립해야 한다.

(2) 모집에서 차별 금지(7조 1항)
① 사업주는 근로자를 모집하거나 채용할 때 남녀를 차별하여서는 아니 된다.

② 사업주는 여성 근로자를 모집·채용할 때 그 직무의 수행에 필요하지 아니한 용모, 키, 체중 등의 신체적 조건, 미혼 조건, 그 밖에 고용노동부령으로 정하는 조건을 제시하거나 요구하여서는 아니 된다.

여성과 범죄

전체 조직이나 직장에 채용되는 데 있어서 특정 성에 할당제를 적용하거나 특정 성에게 불리한 체력, 신체 조건을 내세우는 것은 직간접적인 차별에 해당한다. 경찰, 교정, 소방 등 특정직 공무원 채용 시 여성이 감당할 수 없거나 불리한 체력 기준을 제시하는 것은 간접 차별에 해당한다. 특히 채용에 있어 성에 따른 일정 할당제를 적용하는 것은 근로기준법을 위한 것으로 볼 수 있다.

(3) 교육, 배치, 승진에서 차별 금지

남녀고용평등법 10조에 의하면 '사업주는 근로자의 교육·배치 및 승진에서 남녀를 차별하여서는 아니 된다'고 되어 있다. 사업주가 이를 위반하여 근로자의 정년·퇴직 및 해고에서 남녀를 차별하거나 여성 근로자의 혼인, 임신 또는 출산을 퇴직 사유로 예정하는 근로계약을 체결하는 경우에는 5년 이하의 징역, 또는 3천만 원 이하의 벌금에 처한다.

교육, 배치, 승진에서의 차별은 직장에서 관리직이나 상위직을 담당할 수 있는 기회를 차단하게 되고, 근무 의욕을 저하시키고 조직에 몰입을 저하한다.

(4) 육아 휴직

① 사업주는 근로자가 만 8세 이하 또는 초등학교 2학년 이하의 자녀(입양한 자녀를 포함한다. 이하 같다)를 양육하기 위하여 휴직을 신청하는 경우에 이를 허용하여야 한다.

② 육아 휴직의 기간은 1년 이내로 한다.

③ 사업주는 육아 휴직을 이유로 해고나 그 밖의 불리한 처우를 하여서는 아니 되며, 육아 휴직 기간에는 그 근로자를 해고하지 못한다. 다만, 사업을 계속할 수 없는 경우에는 그러하지 아니하다.

④ 사업주는 육아 휴직을 마친 후에는 휴직 전과 같은 업무, 또는 같은 수준의 임금을 지급하는 직무에 복귀시켜야 한다. 또한 제2항의 육아 휴직 기간은 근속 기간에 포함한다.

(5) 육아기 근로 시간 단축

① 사업주는 근로자가 만 8세 이하 또는 초등학교 2학년 이하의 자녀를 양육하기 위하여 근로 시간의 단축을 신청하는 경우에 이를 허용하여야 한다.

② 제1항 단서에 따라 사업주가 육아기 근로 시간 단축을 허용하지 아니하는 경우에는 해당 근로자에게 그 사유를 서면으로 통보하고 육아 휴직을 사용하게 하거나 출근 및 퇴근 시간 조정 등 다른 조치를 통하여 지원할 수 있는지를 해당 근로자와 협의하여야 한다.

③ 육아기 근로 시간 단축의 기간은 1년 이내로 한다. 다만, 제19조 제1항에 따라 육아 휴직을 신청할 수 있는 근로자가 제19조 제2항에 따른 육아 휴직 기간 중 사용하지 아니한 기간이 있으면 그 기간을 가산한 기간 이내로 한다.

④ 사업주는 육아기 근로 시간 단축을 이유로 해당 근로자에게 해고나 그 밖의 불리한 처우를 하여서는 아니 된다.

⑤ 사업주는 근로자의 육아기 근로 시간 단축 기간이 끝난 후에 그 근로자를 육아기 근로 시간 단축 전과 같은 업무 또는 같은 수준의 임금을 지급하는 직무에 복귀시켜야 한다.

(6) 육아 휴직과 육아기 근로 시간 단축의 사용 형태

① 근로자는 육아 휴직을 1회에 한정하여 나누어 사용할 수 있다.

② 근로자는 육아기 근로 시간 단축을 나누어 사용할 수 있다. 이 경우 나누어 사용하는 1회의 기간은 3개월 이상이 되어야 한다.

(7) 육아 지원을 위한 그 밖의 조치

프랑스에서는 양육에 대한 여성의 사회적 보상을 인정하는 의미에서 아동수당제도를 발달시켰으며, 재택아동수당은 맞벌이 부모가 6세 이하 자녀를 돌보기 위해 1인 이상의 베이비시터를 고용할 경우 지급된다. 수당은 자녀의 수와 나이에 따라 지급된다. 한국에서도 2001년부터 산전 휴가를 90일로 늘리고 육아 휴직도 유급으로 실시하였다. 특히 양육을 위해 아래와 같은 조항이 마련되었다.

① 사업주는 만 8세 이하 또는 초등학교 2학년 이하의 자녀를 양육하는 근로자의 육아를 지원하기 위하여 다음 각 호의 어느 하나에 해당하는 조치를 하도록 노력하여야 한다.

가. 업무를 시작하고 마치는 시간 조정

나. 연장 근로의 제한

다. 근로 시간의 단축, 탄력적 운영 등 근로 시간 조정

라. 그 밖에 소속 근로자의 육아를 지원하기 위하여 필요한 조치

② 사업주는 근로자의 취업을 지원하기 위하여 수유·탁아 등 육아에 필요한 어린이집을 설치하여야 한다.

③ 고용노동부 장관은 근로자의 고용을 촉진하기 위하여 직장 어린이집의 설치·운영에 필요한 지원 및 지도를 하여야 한다.

④ 사업주는 직장 어린이집을 운영하는 경우 근로자의 고용 형태에 따라 차별해서는 아니 된다.

4. 국가인권위원회법

국가인권위원회에서는 평등권 침해의 차별 행위를 합리적 이유 없이, 성별, 종교, 장애, 나이, 사회적 신분, 출신 지역, 국가, 신체 조건, 결혼 여부, 이혼, 사별, 재혼, 사실혼, 성적지향, 정치적 의견, 학력, 병역 등의 이유로 고용과 관련된 특정 사람을 우대, 배제, 구별하거나 불리한 대우하는 행위, 재화, 용역, 교통수단, 상업 시설, 토지, 주거 시설의 공급 이용과 관련하여 특정 사람을 우대, 배제, 구별, 불리하게 대우하는 행위라고 정의하고 있다.

고용, 재화, 용역, 교통수단, 상업 시설, 토지, 주거 공급, 교육, 훈련
이나 그 이용과 관련하여 차별을 금지하고 있다.

제2장

성희롱

1. 양성평등기본법 제3조 제2호

'성희롱'이란 업무, 고용, 그 밖의 관계에서 국가 기관, 지방 자치 단체, 또는 대통령령으로 정하는 공공 단체의 종사자, 사용자, 또는 근로자가 다음 각 목의 어느 하나에 해당하는 행위를 하는 경우를 말한다.

가. 지위를 이용하거나 업무 등과 관련하여 성적 언동 또는 성적 요구 등으로 상대방에게 성적 굴욕감이나 혐오감을 느끼게 하는 행위
나. 상대방이 성적 언동 또는 요구에 대한 불응을 이유로 불이익을 주거나 그에 따르는 것을 조건으로 이익 공여의 의사 표시를 하는 행위

2. 국가인권위원회법 제2조 제3호 라목

성희롱 행위: 업무, 고용, 그 밖의 관계에서 공공기관[1]의 종사자, 사용자 또는 근로자가 그 직위를 이용하여, 또는 업무 등과 관련하여 성적 언동 등으로 성적 굴욕감, 또는 혐오감을 느끼게 하거나 성적 언동, 또는 그 밖의 요구 등에 따르지 아니한다는 이유로 고용상의 불이익을 주는 것을 말한다.

3. 고용평등법 제2조 제2호

'직장 내 성희롱'이란 사업주, 상급자, 또는 근로자가 직장 내의 지위를 이용하거나 업무와 관련하여 다른 근로자에게 성적 언동 등으로 성적 굴욕감, 또는 혐오감을 느끼게 하거나 성적 언동, 또는 그 밖의 요구 등에 따르지 아니하였다는 이유로 고용에서 불이익을 주는 것을 말한다.

	성희롱	성폭력
근거	• 여성발전기본법 • 남녀고용평등과 일·가정양립 지원에 관한 법류 • 국가인권위원회법	• 형법 • 성폭력범죄의 처벌 등에 관한 특례법 • 성폭력방지 및 피해자보호 등에 관한 법률
당사자	• 공공기관, 민간기관 등의 사업주, 상사, 동료, 부하 등	• 제한 없음(사람)
행위수단	• 폭행 또는 협박 필요 없음	• 폭행 또는 협박이 동반
행위내용	• 성적 언동 등	• 범죄의 종류에 따라 강간, 추행, 간음 등
판단기준	• 피해자의 주관적인 침해	• 객관적으로 인정되는 침해
제재수단	• 직장 내 처분, 민사상의 손해배상	• 징역과 벌금

출처: 미래사회교육연구소

《 제1절 》
성희롱 개념

직장 내 성희롱은 사업주, 상급자, 또는 근로자가 직장 내의 지위를 이용하거나 업무와 관련하여 다른 근로자에게 성적 언동 등으로 성적 굴욕감, 또는 혐오감을 느끼게 하거나 성적 언동, 또는 그 밖의 요구 등에 따르지 아니하였다는 이유로 고용에서 불이익을 주는 것을 의미한다.(남녀고용평등과 일·가정 양립 지원에 관한 법) 이는 여성이 직장에서 최하위층에 거의 머무르기 때문에 상사의 언동이나 농담 등에 민감하게 반응하기 어려운 상황에서 발생하는 범죄이다.

성희롱은 당사자의 연령, 관계, 행위가 행해진 장소 및 상황, 성적 동기 유무, 행위에 대한 상대방 반응, 행위의 내용, 행위의 일회적 또는 단기간의 것인지 아니면 계속적인 것인지 여부 등의 **구체적 사정을 종합**하여, 사회 공동체의 건전한 상식과 관행에 비추어 볼 때 용인될 수 있는 정도의 것인지 여부, 선량한 풍속 또는 사회 질서에 위반되는 것인지 여부에 따라 결정되어야 한다.(대법원 판례)

하지만 직장 내 성희롱 사건은 진술 외에 증명이 가능한 정황 증거 내지 간접 증거(정신과 등 병원 진단서, 피해자의 일기 등 기록, 직장 동료 진술서, 징계 대상자의 동종 징계 경력)가 필요하다.

성적 언동이란 남녀 간의 육체적 관계나 남성 또는 여성의 신체적 특징과 관련된 육체적, 언어적, 시각적 행위로서 사회 공동체의 건전한 상식과 관행에 비추어 볼 때 객관적으로 상대방과 같은 처지에 있는 일반적이고도 평균적인 사람으로 하여금 성적 굴욕감이나 혐오감을 느끼게 할 수 있는 행위를 의미한다. 성희롱이 성립되기 위해서는 당사자의 관계, 장소 및 상황, 구체적·추정적인 반응의 내용, 행위의 내용 및 정도, 일회성 여부 등 구체적 사정을 참작하여 일반적, 평균적인 사람으로 하여금 성적 굴욕감이나 혐오감을 느낄 수 있게 하는 행위여야 한다.

〈성희롱과 성폭력의 차이〉

성희롱

- 남녀고용평등법, 인권위법
- 조직 내 성희롱 예방 및 근절
- 고의가 아니라도 성희롱
- 사내 또는 민사소송

성폭력

- 형사법, 성폭력범죄 특례법
- 행위자 개인에 관한 처벌
- 고의가 있음을 증명해야
- 형사처벌

출처: 양성평등교육진흥원

성희롱 유형

1. 육체적 성희롱

입맞춤, 포옹 등 신체적 접촉 행위, 가슴 등 특정 신체 부위를 만지는 행위, 안마, 애무를 강요하는 행위

2. 언어적 성희롱

음란한 농담을 하거나 음탕하고 상스러운 이야기를 하는 행위, 외모에 대한 성적인 비유나 평가를 하는 행위, 성적인 사실 관계를 묻거나 성적인 내용의 정보를 의도적으로 퍼뜨리는 행위, 성적인 관계를 강요하거나 회유하는 행위, 회식 자리 등에서 무리하게 옆에 앉혀 술을 따르도록 강요하는 행위 등.

회식 자리, 업무 중 음담패설을 하는 경우 성희롱에 해당할 수 있다. 특히 한쪽의 성별이 많은 곳에서 성적인 농담을 하는 것은 다른 성별의 사람에게 성적 수치심을 유발할 수 있다. 당사자가 거부 의사를 표현하지 않았다고 해도 성희롱에 해당한다. 소극적 거부의 표현으로 볼 수 있다.

① 음란한 농담, 음담패설

② 외모에 대한 성적인 비유나 평가

③ 성적인 사실 관계를 묻거나 퍼뜨리는 행위

④ 음란한 동영상, 사진, 그림, 낙서, 출판물 등을 게시

⑤ 성과 관련된 신체 부위를 고의적으로 노출하거나 만지는 행위

3. 시각적 성희롱

음란한 사진, 그림, 낙서, 출판물 등을 게시하거나 보여주는 행위와 성과 관련된 자신의 특정 신체 부위를 고의적으로 노출하거나 만지는 행위로 시각적인 방법으로 성적 수치심을 느끼게 한다.

4. 고용에서 불이익

채용 탈락, 감봉, 승진 탈락, 전직轉職, 정직停職, 휴직, 해고 등 채용 또는 근로 조건을 일방적으로 불리하게 하는 것

법적 책임

차이점	노동법상 성희롱	형법상 성범죄
유형	언어적, 육체적, 시각적 성희롱	강간, 강제추행, 음행매개, 음화 등 제조·판매, 공연음란, 추행 등
고의유무	의도 불필요	고의 필요
형벌유무	형벌보다는 근로관계에서의 불이익	국가형벌권의 발동에 의해 형벌부과
입증책임	사업주	검사
강제성	강제력 없어도 성립	강간, 강제추행과 같은 성폭력의 경우 폭행, 협박 등의 강제력이 동원되어야 성립

1. 민사 손해 배상 책임

　성희롱은 피해자에 대하여 정신적인 고통을 주는 행위로서 불법 행위에 해당한다. 불법 행위가 성립하기 위해서는 가해자의 성적 언동 자체가 피해자의 업무 수행을 부당히 간섭하고, 적대적·굴욕적 근무환경을 조성함으로써 실제상 피해자가 업무 능력을 저해당하였다거나 정신적인 안정에 중대한 영향을 입을 것을 요건으로 하는 것이므로 불법 행위에 의한 손해 배상을 청구하는 피해자로서는 가해자의 성희롱으로 말미암아 단순한 분노, 슬픔, 울화, 놀람을 초과하는 정신적 고통을 받았다는 점을 주장하고 증명하여야 한다는 견해는 이를 채택할 수 없다.

또한 피해자가 가해자의 성희롱을 거부하였다는 이유로 보복적으로 해고를 당하였든지 아니면 근로 환경에 부당한 간섭을 당하였다든지 하는 사정은 위자료를 산정하는 데에 참작 사유가 되는 것에 불과할 뿐 불법 행위의 성립 여부를 좌우하는 요소는 아니다.(대법원, 1998)

2. 사용자 책임

사용자인 회사는 근로자의 근무 환경에 대해 배려하여 성희롱을 통하여 근로자의 인격적 존엄을 해치고, 노무 제공에 중대한 지장을 초래하는 것을 방지해야 할 의무가 있으므로 직장 내 성희롱의 경우 사용자로서 책임이 있다고 판단하였다.(판례) 근로자는 업무와 관련하여 다른 근로자에게 성적인 언동 등으로 성적 굴욕감, 또는 혐오감을 느끼게 하여서는 아니 되고….(남녀차별금지및구제에관한법률 제7조)

여기서 '업무와 관련하여'라 함은 근로자의 업무 그 자체, 또는 이에 필요한 행위뿐만 아니라 이와 관련된 것이라고 일반적으로 보여지는 행위는, 설사 그것이 근로자의 이익을 도모하기 위한 경우라도 이에 포함된다고 보아야 할 것이며, 사용자인 회사는 근로자의 근무환경에 대해 배려하여 성희롱을 통하여 근로자의 인격적 존엄을 해치고, 노무 제공에 중대한 지장을 초래하는 것을 방지해야 할 의무가 있으므로 위 피고들이 그들이 사용하는 기계를 수리하러 온 다른 근로자인 원고에게 성희롱을 하였다면 피고 회사는 사용자로서 손해 배상 책임이 있다.

3. 형사 책임

성희롱은 형사 처벌 대신 직장 내에서 성희롱을 할 경우 징계 처분을 받게 된다. 만약 성희롱의 정도를 넘어서 신체적인 접촉을 할 경우에는 강제 추행죄가 성립된다. 아무리 말로 하는 성희롱이라고 해도 그것이 공연하게 행해졌고, 피해자의 명예를 훼손하거나 모욕을 주는 경우에는 형사상 명예 훼손죄나 모욕죄로 처벌될 수 있다.

4. 행정 소송

중앙노동위원회의 재심 판정에 대하여 사용자나 근로자는 재심 판정 일로부터 **15일 이내에 행정 소송을 제기**할 수 있다.(근로기준법 31조 2항) 이 경우 근로자는 원고로서 중앙노동위원회 위원장을 피고로 하여 '부당 해고 구제 재심판정 취소 소송'을 제기하는데, 통상 고용 회사는 피고를 위한 보조 참가를 하여 적극적으로 해고 등 징계가 정당하다는 주장을 피력하곤 한다. 위 각 기간 이내에 재심을 신청하지 아니하거나 행정 소송을 제기하지 아니하면 그 구제 명령, 기각 결정, 또는 재심 판정은 확정된다.(동조 3항)

5. 성희롱 판례

(1) 여직원에게 술을 따르라고 한 행위

교감이 여교사들에게 교장에게 술을 따라 주라고 반복하여 요구했는데, 여교사들 중 A 여교사가 (구)남녀차별신고센터에 시정 신청을 냈으며, 동 위원회는 이 같은 교감의 행위는 언어적 성희롱에 해당한다고 판단하였다. '회식 자리에서 무리하게 옆에 앉혀 술을 따르도록 강요하는 행위'는 성희롱에 해당한다고 보았다. 하지만 대법원에서는 성적인 의미가 없이 단순한 직장 상사에 대한 예의 표시에 불과하다면 **일률적으로 성희롱으로 볼 수 없다고 판결했다.**(대법원, 2007)

(2) 대학교수가 조교에게 행한 성희롱

대학교수는 사실상 조교에 대하여 지휘 감독 관계에 있는 위치에 있는데 사회 통념상 일상생활에서 허용되는 단순한 농담, 또는 호의적이고 권유적인 언동으로 볼 수 없을 정도에 이를 경우에는 성희롱으로 보아 불법 행위로 인한 손해 배상 책임이 있다.(대법원, 1998)

(3) 카드사 판례

원심 법원은 원고의 행위가 지점을 책임지는 관리자로서 직원에 대한 애정을 표시하여 직장 내 일체감과 단결을 이끌어 낸다는 의도에서 비롯된 것이고, 전국 최우수 지점 선정을 축하하는 회식에서 흥분하고 들뜬 상태에서 술에 취하여 우발적으로 행동한 것으로 그 경기나 동기에 참작할 만한 사정이 있으며, 원고의 위와 같은 행동은 그동안의 왜곡된 사회적 인습이나 직장 문화 등에 의하여 형성된 평소의 생활 태도에서 비롯된 것으로서 특별한 문제의식 없이 이루어진 것으로 보았다.

그러나 대법원은 카드 회사 지점장이 여직원 8명에 대하여 14회에 걸쳐 성희롱을 한 사건으로 성희롱이 일정한 기간에 반복적으로 다수의 피해자에게 행해졌다면 우발적이라고 볼 수 없고, 특별한 문제의식 없이 행해졌다고 하더라도, 특히 성희롱을 방지하여야 할 우월한 지위에 있는 자의 경우에 해당한다.(대법원, 2008)

(4) 후배 여기자 성추행

노래방 회식 도중 원고가 옆에 앉은 피해자의 등을 쓰다듬다가 재킷 속으로 손을 넣는 것을 보고 충격을 받아 원고에게 "지금 실수하고 있는 것이다."라고 경고하였다. 참가인 회사 소속 유○○ 기자는 2009. 10. 28. 당해 연도 9월경 부서 회식 자리에서 원고가 피해자의 허벅지를 툭툭 치거나 쓰다듬는 등의 행위를 한 것을 목격하였다는 내용의 글을 회사 인트라넷에 올렸다.(3차 성희롱) 일부 언론 매체에서 원고의 성희롱 행위에 대한 비난성 보도를 게재하였고, 그 후 M 방송국은 원고를 해고하였다.

피해자가 원고로부터 피해를 입고 얼마 되지 않은 상태에서 자신에게 생길 수도 있는 불이익을 감수하고 정신과 치료를 받으려고 양해를 구하기 위하여 메일을 보낸 것이었던 점, 실제로 피해자는 피해를 입은 후 정신과 치료를 받았던 점, 작성한 진술서에 원고가 다리를 만졌다는 내용이 추가되었다는 사정만으로 피해자의 진술서에 대한 신빙성을 배척하기 어려운 점 등을 종합하면 피해자의 진술을 기재한 전자 우편, 진술서 등은 그 내용의 신빙성이 인정되었다.

(5) 고객 등에 의한 성희롱

사업주는 고객 등 업무와 밀접한 관련이 있는 자가 업무 수행 과정에서 성적인 언동 등을 통하여 근로자에게 성적 굴욕감, 또는 혐오감 등을 느끼게 하여 해당 근로자가 그로 인한 고충 해소를 요청할 경우 근무 장소 변경, 배치전환 등 가능한 조치를 취하도록 노력하여야 한다.(동법 14조의2 1항) 사업주는 근로자가 피해를 주장하거나 고객 등으로부터의 성적 요구 등에 불응한 것을 이유로 해고나 그 밖의 불이익한 조치를 하여서는 아니 된다.(동조 2항)

〈성희롱 특별신고센터〉

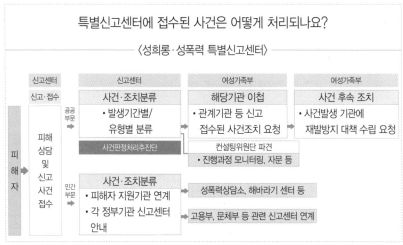

출처: 고용노동부

《제4절》
성희롱 처벌

성희롱은 형법으로는 처벌되지 않는다. 법률이 명시적으로 규율하고 있는 성희롱은 직장 내 성희롱과 아동·청소년 대상 성희롱이다.

단지 육체적으로 건드릴 시 성추행으로 처벌할 수 있으나, 성적 표출이 증거로 남아 있어야 한다. 사안에 따라 명예 훼손 등으로 형사상의 처벌을 받을 수 있다.

1. 사업주의 책임

- 사업주가 직장 내 성희롱을 한 경우에는 1천만 원 이하의 과태료를 부과한다.(동법 39조 1항)

- 사업주가 직장 내 성희롱 발생이 확인되었는데도 지체 없이 행위자에게 징계나 그 밖에 이에 준하는 조치를 하지 아니한 경우, 근로자가 고객 동의에 의한 성희롱 피해를 주장하거나 고객 등으로부터의 성적 요구 등에 불응한 것을 이유로 해고나 그 밖의 불이익한 조치를 한 경우에는 500만 원 이하의 과태료를 부과한다.(동조 2항)

- 직장 내 성희롱 예방 교육을 하지 아니한 경우에는 300만 원 이하의 과태료를 부과한다.(동조 3항)

2. 성희롱 징계

징계 해고는 사회 통념상 고용 관계를 계속할 수 없을 정도로 근로자에게 책임 있는 사유가 있는 경우에 그 정당성이 인정된다고 하면서, 이는 당해 사용자의 사업의 목적과 성격, 사업장의 여건, 당해 근로자의 지위 및 담당 직무의 내용, 비위 행위의 동기와 경위, 이로 인하여 기업 질서에 미칠 영향, 과거의 근무 태도 등 여러 가지 사정을 종합적으로 검토하여 판단하여야 한다는 것이 판례의 태도이다.(대법원, 2003)

3. 요건

(1) 반복적 행위

행위가 고용 환경을 악화시킬 정도로 매우 심하거나 반복적으로 행해지는 경우, 징계 해고 처분이 객관적으로 명백히 부당하다고 인정되는 경우가 아닌 한 쉽게 징계권이 남용되었다고 볼 수 없다.(대법원, 2008)

(2) 우월적 지위

특히 직장 내 성희롱을 방지하여야 할 지위에 있는 사업주나 사업주를 대신할 지위에 있는 자가 오히려 자신의 우월한 지위를 이용하여 성희롱하였다면 더욱 엄격히 취급하여야 한다.

(3) 여직원이 대다수인 경우

업무의 특성상 여직원이 많아서 회사가 특히 성희롱 방지 교육에 힘써왔으며 취업 규칙 등을 통하여 성희롱 행위를 엄격히 금지하고 있는 경우 비난 가능성이 높을수록 징계의 수위가 높다.

(4) 회사의 이미지 실추 및 영업 손실

직장 내 성희롱 사건으로 인하여 공적 기관의(방송, 언론 기관, 공사, 대학교 등) 이미지가 실추된 경우, 회사 특성상 그 운영에 막대한 영향을 받은 경우(여성 대상 헬스클럽) 엄격히 판단한다.

(5) 피해자의 용서

가해 근로자가 해고되지 않고 같은 직장에서 계속 근무하는 것이 성희롱 피해자들의 고용 환경을 감내할 수 없을 정도로 악화시키는 결과를 가져올 수 있는지 살펴보아야 한다. 특히 가해 근로자가 피해 근로자로부터 용서를 받았는지 여부 등을 고려하여야 한다.

성희롱 대처법

1. 상사에게 보고

성희롱을 당할 경우 주변의 직원과 공동으로 대응하거나 상급자에게 성희롱 사실을 알려야 한다. 성희롱이 재발하지 않게 할 수 있고 상급자가 성희롱 가해자에게 경고할 수 있다.

2. 신고

구두, 서면, 우편, 전화, 팩스, 또는 인터넷 등으로 사업주에게 신고하여야 하고 사업주는 직접 처리하거나 노사협의회에 위임하여 처리하게 한다. 사업주가 직접 처리한 경우에는 처리 결과를 알려주어야 하고 노사협의회에 위임하여 처리하게 한 경우에는 위임 사실을 해당 근로자에게 통지하여야 한다. 사업주나 노사협의회는 특별한 사유가 없는 한 접수일부터 10일 이내에 고충을 처리하고 그 처리 결과를 해당 근로자에게 통지한다.

3. 진정(고용노동부, 국가인권위원회)

고용노동부나 국가인권위원회에 진정하여 사업주가 성희롱 피해자의 신고를 묵살하였거나 대응을 하지 않은 경우 과태료 처분을 받게 된다. 예컨대 성희롱 신고 내용이 사실임에도 가해자에 대해 징계를 하지 아니한 경우이다. 고용노동부나 국가인권위원회에 진정하게 되면 당사자의 의견을 청취한 후 조정을 할 수 있다.

4. 민형사 소송

성희롱이 신체적 접촉에 이른 경우 형사 처벌 대상이 된다. 폭행, 협박으로 추행한 경우, 갑자기 신체적 접촉을 해서 추행한 경우 강제 추행죄가 성립된다. 또한 업무, 고용, 그 밖의 관계로 인하여 자기의 보호, 감독을 받는 사람에 대하여 위계 또는 위력으로 추행한 경우에도 처벌된다.(성폭법 10조) 공연히 과다하게 치부를 노출할 경우에는 10만 원 이하의 벌금, 구류 또는 과료의 형으로 처벌될 수 있다.(경범죄처벌법 3조 1항 33호) 성희롱도 불법 행위에 해당하므로 민사상 손해 배상 청구가 가능하다.

제3장

성매매

성매매 개념

1. 성매매 개념

성매매란 불특정인을 상대로 금품이나 그 밖의 재산상의 이익을 수수하거나 수수하기로 약속하고 성교 행위나 구강, 항문 등 신체의 일부, 또는 도구를 이용한 유사 성교 행위를 하거나 그 상대방이 되는 것을 말한다. 성매매가 지속되는 것은 남성 성매매의 불가피를 주장하는 '남성 중심적 사고'가 기본이고, 남성은 성욕은 억제할 수 없다는 것이 남성의 성매매를 정당화시켜왔다. 특히 여성에게 강요되는 순결과 합법적인 것으로 인식되는 결혼 제도가 성매매, 혼외 성관계를 유지시키는 원인이 되어왔다.

하지만 성매매 여성들은 경제적 어려움과 감금, 폭력을 당하게 되고 성병과 에이즈의 위협을 경험한다.

남성들은 여성들이 성매매를 자발적으로 하거나 혹은 즐긴다고 생각한다. 또한 성매매는 포주, 숙박업, 주류업이 연결되고 경찰 등도 가담하기도 한다. 경제적 이익을 위해 수요와 공급이 이루어지고 인신매매 업체도 역할을 담당한다. 심지어 5세에서 15세까지 여성들이 성매매 시장에서 활동하고 있고, 남성들은 계속적으로 성매매를 하고 있다. 성매매 피해자가 아닌 자가 성매매를 한 경우에는 성매매 지역 출입 금지, 보호관찰, 사회봉사 명령, 상담 위탁, 치료 위탁을 받게 된다.

성매매 피해자란 **위계, 위력, 그 밖에 이에 준하는 방법으로 성매매를 강요당한 사람, 업무 관계, 고용 관계, 그 밖의 관계로 인하여 보호, 또는 감독하는 사람에 의하여 마약류 관리에 관한 법률 제2조에 따른 마약 · 향정신성의약품 또는 대마에 중독되어** 성매매를 한 사람, 청소년, 사물을 변별하거나 의사를 결정할 능력이 없거나 미약한 사람, 또는 대통령령으로 정하는 중대한 장애가 있는 사람으로서, 성매매하도록 알선, 유인된 사람, 성매매 목적의 인신매매를 당한 사람 등을 의미한다.(성매매알선법 2조 1항 4호) 성매매 피해자는 처벌받지 않는다.

2. 여성주의 관점

성매매를 비판적으로 바라보는 여성주의자들은 성매매를 여성에 대한 착취와 여성에 대한 남성 지배에서 비롯된 가부장제 사회 질서의 결과로 본다. 여성주의자들은 성매매 여성이 남성에 의해 이용되거나 학대당하는 성적 대상이므로 성매매는 성매매 여성과 사회 전체에 여성의 상품화라는 영향을 미친다고 주장한다.

성매매를 우호적으로 보는 여성주의자들은 성매매도 직업으로서, 성매매 및 다른 성 노동에 여성과 남성이 참여를 선택할 수 있다고 주장한다. 이러한 관점에서는 성매매는 주로 인신매매로 이뤄지는 강제 성매매와 구별되어야 한다. 여성주의자들은 성 산업과 법 체계에 의한 가해로부터 성 노동자를 보호해야 한다고 주장한다.

뉴먼과 화이트는 돈을 받고 성관계를 제공하는 여성에 대한 형사 처벌을 강요하는 현행 법률 정책을 비판한다. 여성주의자는 돈을 주고받거나 그렇지 않거나, 합법적인 성관계의 필수 불가결한 요소는 성관계에 대한 명확한 합의라고 보았다.

여성과 범죄

성매매특별법

성매매특별법은 '성매매 알선 등 행위의 처벌에 관한 법률'(성매매 처벌법)과 '성매매 방지 및 피해자 보호 등에 관한 법률'(성매매 방지법)을 말한다. 2000년 9월 19일 전북 군산 대명동 성매매 집결지 화재로 성매매 여성 5명이 사망 이후 2년 뒤인 2002년 1월 29일 군산 개복동 성매매 집결지 화재로 성매매 여성 14명이 사망했다. 이후 여성 단체들에 의해 '성매매특별법'이 제정되었다.

'성매매 알선 등 행위의 처벌에 관한 법률'은 성매매와 성매매 알선, 성매매 목적의 인신매매를 근절하고, 성매매 피해자의 인권 보호를 목적으로 한다. 성매매란 불특정인을 상대로 금품이나 그 밖의 재산상의 이익을 받거나 받기로 약속하고 성교나 구강·항문 등 신체의 일부 또는 도구를 이용한 유사 성교 행위를 하거나 그 상대방이 되는 것을 말한다.

성매매 알선 등 행위를 하거나 성을 파는 행위를 할 사람을 모집한 사람, 성을 파는 행위를 하도록 직업을 소개·알선한 경우 3년 이하의 징역 또는 3,000만 원 이하의 벌금에 처한다.

《제3절》

아동·청소년 대상 성매매

1. 아동·청소년 대상 성매매

① 아동·청소년의 성을 사는 행위를 한 자는 1년 이상 10년 이하의 징역 또는 2천만 원 이상 5천만 원 이하의 벌금에 처한다.(아청법 13조 1항)

② 아동·청소년의 성을 사기 위하여 아동·청소년을 유인하거나 성을 팔도록 권유한 자는 1년 이하의 징역 또는 1천만 원 이하의 벌금에 처한다.(동조 2항)

③ 19세 미만의 아동·청소년인 경우에는 성매매를 권유만 해도 처벌되므로 용돈, 숙소 제공 등의 조건 만남의 경우 처벌 대상이 된다.

④ 아동·청소년이 이미 성매매 의사를 가지고 먼저 연락하였는데 상대방이 이에 응할 경우에도 '아동·청소년 성매매 권유죄'로 처벌된다.(동조 2항)

피고인이 인터넷 채팅 사이트를 통하여 이미 성매매 의사를 가지고 성매수 행위를 한 자를 물색하고 있던 청소년 A(여, 16세)와의 성매매를 위해 성매매 장소, 대가, 연락 방법 등에 관하여 구체적인 합의에 이른 다음, 약속 장소 인근에 도착하여 A에게 전화를 걸어 유인한 행위는 아동·청소년에게 성을 팔도록 권유하는 행위에 해당한다.

성인 대상 성매매의 경우는 불특정인을 상대로 성매매한 경우만 처벌받게 되므로 특정인과 만나 사귀면서 돈을 주고 성관계를 할 경우에는 처벌 대상이 되지 않는다. **반면 아동·청소년의 경우는 불특정인을 상대로 성을 매매하는 것이 아니더라도 성을 사는 행위 자체를 처벌한다.** 따라서 설사 특정한 아동·청소년을 만나 사귀면서 용돈을 주고 성관계를 하였다고 해도 처벌 대상이 된다.(대법원, 2002)

청소년인 피해자가 숙식의 해결 등 생활비 조달이 매우 어려운 처지에 놓이게 되어 피고인을 만나 함께 잠을 자는 방법으로 숙소를 해결하는 것 외에는 공원이나 길에서 잠을 자야만 할 정도로 절박한 상황에 처해 있었던 점, 피고인은 피해자가 잠잘 곳이 없다는 사정을 미리 알고 있었으며, 특히 피해자로서는 피고인의 성교 요구를 거절하면 야간에 집 또는 여관에서 쫓겨날 것을 두려워하여 어쩔 수 없이 성교하게 되었던 점, 피해자는 그 이후 피고인과 지속적으로 만나거나 특별한 애정 관계를 유지하지는 아니하였던 점 등을 종합적으로 고려해 볼 때, 기타 차비 명목의 금전 교부 등은 피고인과 피해자 사이의 사생활, 애정 관계에서 발생한 부대 비용의 부담으로 볼 수는 없고, 피고인이 피해자에게 성교의 대가로 제공한 것이라고 볼 수 있다고 판시하였다.

2. 아동·청소년 인식 여부

고의라 함은 확정적 고의는 물론이고 미필적 고의, 즉 '상대방이 미성년자일지도 모른다'는 의심으로도 미필적 고의로 본다. 성 매수 남성의 미필적 고의는 성을 판 청소년의 외모, 화장 여부, 옷차림, 당시 서로 주고받았던 대화 내용, 모텔 출입 시 업주의 제지가 있었는지 여부, 신분증을 보여줬는지 여부 등을 종합적으로 판단해서 객관적으로 결정될 것이다.

만약 청소년이 **가짜 신분증이나 언니의 신분증을 보여주는 등 적극적으로 성인임을 인식시켜 주었다면 상대 남성의 고의는 조각될 가능성**이 크다. 이와 같이 성을 매수한 남자가 상대방이 성년의 여자로 알고 성관계를 하였다면 '일반성매매죄'가 성립될 뿐이다.(서울서부지방법원, 2011. 22. 선고 2010 노1409 판결)

3. 아동·청소년에 대한 조치

아동·청소년에 대하여는 보호 및 재활을 위하여 처벌하지 아니한다.(아청법 38조 1항) 하지만 성매매를 한 아동·청소년의 경우 검사에 의해 소년부 송치가 되고, 소년부 판사는 대상 청소년에 대해 보호 처분을 내리게 된다.(아청법 40조) 감호위탁, 수강 명령, 사회봉사 명령, 보호관찰, 소년원 송치 등의 보호 처분을 한다. 성매매를 한 아동·청소년의 경우 형사 처벌은 면할 수 있지만 보호 처분을 받게 된다.

성매매 알선

성매매를 알선, 권유, 유인, 또는 강요하는 행위, 성매매의 장소를 제공하는 행위, 성매매에 제공되는 사실을 알면서 자금, 토지, 또는 건물을 제공하는 행위를 하는 것을 말한다. 성매매 알선 등의 행위를 한 사람은 3년 이하의 징역, 또는 3천만 원 이하의 벌금에 처한다.(성매매알선법 19조 1항 1호) 한편 영업으로 성매매 알선 등 행위를 한 사람은 7년 이하의 징역, 또는 7천만 원 이하의 벌금에 처한다.(동조 2항 1호)

1. 아동·청소년 성매매 알선

(1) 다음 각 호의 어느 하나에 해당하는 자는 7년 이상의 유기 징역에 처한다.

① 아동·청소년의 성을 사는 행위의 장소를 제공하는 행위를 업으로 하는 자

② 아동·청소년의 성을 사는 행위를 알선

③ 알선 정보를 제공하는 행위를 업으로 하는 자

④ 제1호 또는 제2호의 범죄에 사용되는 사실을 알면서 자금, 토지, 또는 건물을 제공한 자

⑤ 영업으로 아동·청소년의 성을 사는 행위의 장소를 제공, 알선하는 업소에 아동·청소년을 고용하도록 한 자

(2) **가중 처벌**(7년 이하의 징역 또는 5천만 원 이하의 벌금)

① 영업으로 아동·청소년의 성을 사는 행태를 권유 또는 강요한 자

② 아동·청소년의 성을 사는 행위의 장소를 제공한 자

③ 아동·청소년의 성을 사는 행위를 알선하거나 정보통신망에서 알선 정보를 제공한 자

④ 영업으로 제2호 또는 제3호의 행위를 약속한 자

⑤ 아동·청소년의 성을 사는 행위를 하도록 유인, 권유 또는 강요한 자는 5년 이하의 징역 또는 3천만 원 이하의 벌금에 처한다.

2. 아동·청소년 인식 여부

성매매 알선 업체들이 단속될 경우 성매매 여성 중 19세 미만의 아동·청소년이 있는 경우 아청법 제15조 제1항 2호에 해당되어 7년 이상의 유기 징역에 처한다. 하지만 아동·청소년이 신분증을 위조하거나 언니의 주민등록증으로 피고인을 속인 경우 등 고의가 조각될 수 있다. **피고인이 성매매 여성의 말이나 업체의 소개만을 믿은 경우, 외모를 본 경우, 주민등록증만 본 경우 미필적 고의**가 인정된다.

⑴ 판례

피고인은 미성년자가 가짜 신분증을 보여주었는데 사진상 얼굴과 실제 모습이 다른 것을 보고 미성년자가 "화장을 했고 그동안 살이 쪄서 변했다."라고 한 말을 들었을 뿐 실제 연령을 명확히 파악하지 않은 잘못을 저질렀지만 그러한 사정만을 들어 피고인이 아동·청소년임을 알았거나 아동·청소년이라도 무방하다는 미필적 고의로 성매매를 알선하였음이 합리적 의심의 여지 없이 증명된 것으로 보기 어렵다고 판단하여 무죄를 선고하였다.(서울고등법원, 2014)

하지만 대법원은 아동·청소년의 보호를 위한 위와 같은 연령 확인 의무의 이행을 제대로 다 하지 아니한 채 아동·청소년을 고용하였다면, 특별한 사정이 없는 한 적어도 아동·청소년의 성을 사는 행위의 알선에 관한 미필적 고의는 인정된다고 보았다.

3. 선불금 적법 여부(불법 원인으로 인한 채권 무효)

⑴ 불법 원인 급여 채권 무효

성매매 알선 등 행위를 한 사람, 또는 성을 파는 행위를 할 사람을 고용한 사람이 그 행위와 관련하여 성을 파는 행위를 하였거나 할 사람에게 가지는 채권은 그 계약의 형식이나 명목에 관계없이 무효로 한다. 불법 원인 급여는 그 원인이 되는 행위가 선량한 풍속, 기타 사회 질서에 반하는 경우를 말하는바, 윤락 행위 및 그것을 유인·강요하는 행위는 선량한 풍속, 기타 사회 질서에 반하므로,

윤락 행위를 할 사람을 고용하면서 성매매의 유인, 권유, 강요의 수
단으로 이용되는 선불금 등 명목으로 제공한 금품이나 그 밖의 재
산상 이익 등은 불법 원인 급여에 해당하여 그 반환을 청구할 수 없
다.

(2) 판례

티켓 다방을 운영하는 자가 종업원으로 고용하면서 대여한 선불
금이 불법 원인 급여에 해당하는지가 문제 된 사안에서, 제반 사정
에 비추어 선불금 반환 채무와 여러 명목의 경제적 부담이 더해지
는 불리한 고용 조건 탓에 윤락 행위를 선택하지 않을 수 없었고,
업주는 이를 알았을 뿐 아니라 유인, 조장하는 위치에 있었다고 보
이므로, 위 선불금은 윤락 행위를 전제로 한 것이거나 그와 관련성
이 있는 경제적 이익으로서 그 대여 행위는 민법 제103조에서 정하
는 반사회 질서의 법률 행위에 해당되어 무효이다. (대법원, 2013)

존 스쿨John School 교육

1. 존 스쿨

미국에서 시작했고 한국에서는 2005년에 시작되어, 일정 교육을 수료하는 조건으로 기소유예 처분하여 형사 처벌을 받지 않도록 해 주는 제도이다. 형사 처벌 대신 기소 유예와 존 스쿨을 명한다. 벌금형과 존 스쿨이 같이 부과되지 않는다. 존 스쿨의 유래는 미국에서 성매수로 조사받은 남성들이 자신의 이름을 존John으로 이야기한 데서 유래한 것이다.

존 스쿨 교육은 성 매수 남성이 재범 방지 교육을 받게 하는 제도로, 수강 명령 처분으로 볼 수 있다. 재범 방지 교육을 받으면 보호 처분이나 벌금형 등 형사 처벌이 면제된다. 2005년 8월부터 시행되어 전국 13개 보호관찰소에서 매월 1~2회, 총 8시간의 교육이 실시되고 있다. 성에 대한 인식을 바로잡고, 성매매의 반인권성과 범죄성을 인식하도록 유도하는 데 목적이 있다.

성매매의 해악성 신체 및 정신건강에 대한 강의, 성매매 방지 및 피해자 보호에 관한 법률 해설, 성매매 여성 증언, 집단 토론 등이며 에이즈 예방 교육, 인간관계 훈련, 평가 시간이다. 존 스쿨 조건부 기소 유예는 성 매수 초범에게만 적용되고 교육을 이수 받고도 재범을 한다면 형사 처벌에 처한다.

제4장

성폭력

〈성폭력 발생 건수〉

성폭력범죄 유형별 발생건수 추이(2009년~2018년)

(단위 : 건(%))

연도	강간	강제추행	강간등	강간 등 살인/치사	강간 등 상해/치상	특수강도	카메라등 이용촬영	성적목적의 장소 침입	통신 매체 이용음란	공중밀집 장소추행	계
2009	3,923 (22.6)	6,178 (35.6)	2,706 (15.6)	18 (0.1)	1,544 (8.9)	479 (2.8)	834 (4.8)	–	761 (4.4)	934 (5.4)	17,377
2010	4,384 (21.3)	7,314 (35.5)	3,234 (15.7)	9 (0.0)	1,573 (7.6)	293 (1.4)	1,153 (5.6)	–	1,031 (5.0)	1,593 (7.7)	20,584
2011	4,425 (20.0)	8,535 (38.5)	3,206 (14.5)	8 (0.0)	1,483 (6.7)	285 (1.3)	1,565 (7.1)	–	911 (4.1)	1,750 (7.9)	22,168
2012	4,349 (18.6)	10,949 (46.9)	1,937 (8.2)	13 (0.1)	1,208 (5.2)	209 (0.9)	2,462 (10.5)	–	917 (4.0)	1,332 (5.7)	23,365
2013	5,359 (18.4)	13,236 (45.5)	1,186 (4.0)	22 (0.1)	1,094 (3.8)	150 (0.5)	4,903 (16.9)	214 (0.7)	1,416 (4.9)	1,517 (5.2)	29,097
2014	5,092 (16.7)	12,849 (42.2)	624 (2.0)	8 (0.0)	872 (2.9)	123 (0.4)	6,735 (24.1)	470 (1.5)	1,254 (4.1)	1,838 (6.1)	29,863
2015	5,274 (17.0)	13,266 (42.7)	283 (0.9)	6 (0.0)	849 (2.7)	72 (0.2)	7,730 (24.9)	543 (1.7)	1,139 (3.7)	1,901 (6.1)	31,063
2016	5,412 (18.4)	14,339 (48.8)	192 (0.7)	8 (0.0)	736 (2.5)	56 (0.2)	5,249 (17.9)	477 (1.6)	1,115 (3.8)	1,773 (6.0)	29,357
2017	5,555 (16.9)	15,981 (48.7)	144 (0.4)	7 (0.0)	716 (2.2)	34 (0.1)	6,615 (20.2)	422 (1.3)	1,265 (3.9)	2,085 (6.4)	32,824
2018	5,826 (18.1)	15,672 (48.8)	182 (0.6)	8 (0.0)	655 (2.0)	43 (0.1)	6,085 (19.0)	646 (2.0)	1,378 (4.3)	1,609 (5.0)	32,104

출처: 대검찰청

《 제1절 》
강간죄

1. 강간죄 개념

Wilson은 강간은 여성에 대한 적대적이고 학대적인 폭력 행위로, 여성이 독립된 인격체임을 부정하는 것으로 보았고, Liz는 강간 범죄 이후 남성들은 피해자를 바람기 있고 음탕하다고 비난한다는 점을 지적했다. 성폭력은 개인 차원이 아니라 불평등한 성별 권력관계와 사회적 지위, 국가 간의 권력관계에서 발생하는 구조화된 폭력이라고 본다.

특히 여성을 남성 집단의 소유물로 규정하고 있는 가부장적, 문화적 맥락에서 발생하는 것으로 정의된다. 남성은 자발적 동의를 인정하나 여성은 거부하지 않으면 동의한 것으로 보거나 혹은 여성의 'No'를 'Yes'로 간주하는 남성들의 사고방식도 강간죄를 증명하기 어렵게 한다. 한국의 강간죄 규정 중 '저항할 수 없는 유형력의 행사'를 요건으로 하는 점은 피해자가 강간을 증명해야 하는 구조로 되어 있어 수사 절차에서 2차 피해를 유발하고 있다.

하지만 성폭력은 상대방의 동의 없이 우월한 지위나 신체를 활용해 성적 자기 결정권을 침해하는 행위로 약자의 위치에 있는 피해자들이 저항을 하거나 예방을 하는 것은 한계가 있다. 그리고 성폭력 상황에서 피해자는 공포로 인해 몸이 굳어 움직이지 못하는 '긴장성 부동화'Tonic immobility, TI를 경험한다고 한다. 피해자의 항거불응이 동의한 것으로 간주될 우려가 있다.

2. 성폭력 특별법

- 폭행 또는 협박으로 사람을 강간한 자는 3년 이상의 유기

징역에 처한다.(형법 297조)

- 피해 대상에 따라 아동·청소년을 강간한 자는 무기 징역 또는 5년 이

상의 유기 징역에 처한다.(아청법 7조 1항)

- 13세 미만의 자를 강간한 자는 무기 징역 또는 10년 이상의 징역에 처한

다.(성폭법 7조 1항)

- 장애인을 강간한 자는 무기 징역 또는 7년 이상의 징역에 처한다.(성폭

법 6조 1항)

- 친족 관계에 있는 사람을 강간한 자는 7년 이상의 유기 징역에 처한

다.(성폭법 5조 1항)

- 성폭법상 친족의 범위는 4촌 이내의 혈족, 인척, 동거하는 친족, 사실상

의 관계에 의한 친족이다.(성폭법 5조 4, 5항)

4촌 이내의 혈족과 인척의 경우는 동거 여부와 상관없이 친족 관계가 성립되고, 그 이외 5촌에서 8촌까지의 혈족은 동거할 경우에만 친족에 포함되고 배우자는 친족이 아니다. 예를 들면 계부가 의붓딸을 강간한 경우 민법상 친족에는 해당되지 않지만, 사실상의 관계에 의한 친족에 해당하므로 성폭법상 친족 관계에 의한 강간죄에 해당한다.

여성과 범죄

3. 주체와 객체

(1) 미성년자인지 인식 여부

여성이 남자를 이용하거나 남자와 공모하여 강간할 수 있기 때문에 남녀 모두 가능하다. 남성에서 여성으로 성전환한 경우(트렌스젠더) 강간죄의 피해자가 될 수 있다. 또한 여자가 남자에게 폭행 또는 협박을 하여 성교를 할 경우에도 강간죄가 성립된다. 피해자가 아동·청소년인 경우에는 무기 또는 5년 이상의 유기 징역으로 가중 처벌된다.(아청법 7조 1항) 피해자가 **13세 미만**의 사람인 경우에는 무기 또는 10년 이상의 징역형으로 가중 처벌된다.(성폭법 7조 1항)

대법원은 13세 미만의 자에 대한 강간의 경우 행위자에게 미필적 고의라도 필요하다고 보았고, 단 **아동·청소년에 대한 강간에 대해서는 피해자의 연령에 대한 인식 여부와 관계없이 객관적으로 정해야 한다**는 판결이 있다.

범죄의 성립이 인정되려면, 피고인이 피해자가 13세 미만의 여자임을 알면서 그를 강간하였다는 사실을 검사가 입증해야 한다. 물론 피고인이 일정한 사정의 인식 여부와 같은 내심의 사실에 관하여 이를 부인하는 경우에는 이러한 주관적 요소로 되는 사실은 사물의 성질상 그 내심과 상당한 관련이 있는 **간접 사실 또는 정황 사실을 증명하는 방법에 의하여 이를 입증**할 수밖에 없고, 이때 무엇이 상당한 관련성이 있는 간접 사실에 해당할 것인가는 정상적인 경험칙에 바탕을 두고 사실의 연결 상태를 합리적으로 분석·판단하는 방법에 의하여야 한다.(대법원, 2006)

따라서 13세 미만의 여자에 대한 강간죄에 있어서 피해자가 13세 미만이라고 하더라도 피고인이 피해자가 **13세 미만인 사실을 몰랐다고 범의를 부인하는 경우**에는 상당한 관련성이 있는 **간접 사실 또는 정황 사실**에 의하여 그 입증 여부가 판단되어야 한다. 나아가 피고인이 이 사건 강간 범행 당시 피해자가 13세 미만인 사실을 인식하고 있었는지에 대하여 살펴본다.

(2) 판례

피해자는 만 12세 중학교 1학년생으로 만 13세가 되기까지 6개월 정도 남은 상황이었다. 피고인은 검찰 조사에서 피해자를 밖에서 만났을 때는 어둡고 피해자가 키도 크고 해서 나이가 어린 줄 몰랐고(중략) 피해자가 "중학교 1학년이라서 14살이라고 했었습니다."라고 말했고, 피해자 또한 수사 기관에서 "피고인에게 14세라고 말하였다."라고 진술하였다.

이 강간 범행 발생 약 3개월 전에 이루어진 건강 검사 결과에 의하면 피해자는 키 약 155cm, 몸무게 약 50kg의 중학교 1학년생으로서는 오히려 큰 편에 속하는 체격이었다. 피고인은 당시 피해자를 데리고 모텔로 들어갔는데 모텔 관리자로부터 특별한 제지를 받은 바 없었던 것으로 보인다. 이러한 사정에 비추어 보면, 피고인이 이 사건 강간 범행 당시 피해자가 13세 미만인 사실을 미필적으로라도 인식하고 있었음이 합리적 의심의 여지 없이 증명되었다고 쉽사리 단정할 수 없다.

4. 폭행, 협박의 정도

강간죄의 기수는 폭행, 협박으로 성기를 삽입하는 행위를 요건으로 한다. 폭행, 협박은 상대방의 반항을 불가능하게 할 정도를 의미하는 것은 아니고 현저히 곤란하게 할 정도면 충분하다. **마취제, 수면제, 최면술도** 현저히 곤란한 폭행에 해당한다. 다만 그 폭행, 협박이 피해자의 항거를 불가능하게 하거나 현저히 곤란하게 할 정도의 것이었는지 여부는 그 폭행, 협박의 내용과 정도는 물론, 유형력을 행사하게 된 경위, 피해자와의 관계, 성교 당시와 그 후의 정황 등 모든 사정을 종합하여 판단하여야 한다.(대법원, 2007)

(1) 판례

가해자가 폭행을 수반함이 없이 오직 협박만을 수단으로 피해자를 간음 또는 추행한 경우에도 그 협박의 정도가 피해자의 항거를 불가능하게 하거나 현저히 곤란하게 할 정도의 것(강간죄)이거나 또는 피해자의 항거를 곤란하게 할 정도의 것(강제 추행죄)이면 강간죄 또는 강제 추행죄, 협박과 간음 또는 추행 사이에 **시간적 간격이 있더라도 협박에 의하여 간음 또는 추행이 이루어진 것으로 인정**될 수 있다면 달리 볼 것은 아니다.

유부녀인 피해자에 대하여 혼인 외 성관계 사실을 폭로하겠다는 등의 내용으로 협박하여 피해자를 간음 또는 추행한 경우에 있어서 그 협박이 강간죄와 강제 추행죄에 해당하는 폭행의 정도의 것이었는지 여부에 관하여는, 일반적으로 혼인한 여성에 대하여 정조의 가치를 특히 중시하는 우리 사회의 현실이나 형법상 간통죄로 처벌하는 조항이 있는 사정 등을 감안할 때 혼인 외 성관계 사실의 폭로 자체가 여성의 명예 손상, 가족관계의 파탄, 경제적 생활 기반의 상실 등 생활상의 이익에 막대한 영향을 미칠 수 있고 경우에 따라서는 간통죄로 처벌받는 신체상의 불이익이 초래될 수도 있으며, 나아가 폭로의 상대방이나 범위 및 방법(예를 들면 인터넷 공개, 가족들에 대한 공개, 자녀들의 학교에 대한 공개 등)에 따라서는 그 심리적 압박의 정도가 심각할 수 있으므로, 단순히 협박의 내용만으로 그 정도를 단정할 수는 없고, 그 밖에도 협박의 경위, 가해자 및 피해자의 신분이나 사회적 지위, 피해자와의 관계, 간음 또는 추행 당시와 그 후의 정황, 그 협박이 피해자에게 미칠 수 있는 심리적 압박의 내용과 정도 등 모든 사정을 종합하여 신중하게 판단하여야 한다.(대법원, 2007)

(2) 강간죄 부정 판례

피해자가 연락을 취하였고, 피해자가 피고인으로부터 강간을 당하였다고 주장한 직후에 피고인이 운전하는 승용차에 동승함과 아울러 피고인이 구입한 고속버스 승차권을 이용하는 등, 강간이라는 범행을 한 자와 그 피해자 사이에서는 쉽게 발생하기 어려운 행동을 취한 사정 등에 비추어 볼 때, 원심 판시와 같은 사정만으로는 위 2009. 10. 28. 자와 2009. 10. 29. 자 피고인과 피해자 사이의 성관계만은 강간죄가 성립한다고 판단할 만한 특별한 사정이 있다고 보기는 어렵다고 할 것이다.

여성과 범죄

5. 실행의 착수 시기

강간죄는 고의로 폭행, 협박을 시작한 때에 실행의 착수가 있다고 본다. 대법원은 "강간죄는 부녀를 간음하기 위하여 피해자의 항거를 불능하게 하거나 현저히 곤란하게 할 정도의 폭행 또는 협박을 개시한 때에 그 실행의 착수가 있다고 보아야 할 것이고, 실제로 그와 같은 폭행 또는 협박에 의하여 피해자의 항거가 불능하게 되거나 현저히 곤란하게 되어야만 실행의 착수가 있다고 볼 것은 아니다."라고 판시하였다.(대법원, 2000. 6. 9. 선고 2000도1253 판결)

(1) 판례(실행 인정)

여자 혼자 있는 방문을 두드리고 여자가 위험을 느끼고 **가까이 오면 뛰어내리겠다고 하는데도 창문으로 침입하려 한 때에는 폭행에 착수**하였다고 할 수 있으므로 강간죄에 대한 실행의 착수가 있다고 본다.

피고인이 피해자를 간음하려고 하였다는 말을 들었다는 부분이 있고, 구정을 쇠러 가족과 함께 본가에 갔던 피고인이 느닷없이 다음날 새벽 4시에 집으로 돌아와 18세 처녀가 혼자 자는 방으로 들어가려고 기도한 것은 명백한 것이므로 그 방실 침입의 목적에 관한 합리적인 변명이 없는 이 사건에서 원심이 그 적시의 증언에 의하여 간음 목적으로 그 방에 침입하려고 하였다고 인정한 것을 위법하다고 할 수 없으며 간음할 목적으로 그 방문 앞에 가서 피해자가 방문을 열어 주지 않으면 부수고 들어갈 듯한 기세로 방문을 두드리고 피해자가 위험을 느끼고 창문에 걸터앉아 가까이 오면 뛰어내리겠다고 하는데도 그 집 베란다를 통하여 창문으로 침입하려고 하였다면 강간의 수단으로서의 폭행에 착수하였다고 할 수 있으므로 피고인에게 강간의 범의가 없었다거나 아직 강간의 착수가 있었다고 할 수 없다는 상고 논지도 받아들일 수 없는 것이다.(대법원, 1991. 4. 9. 선고 91도 28 8 판결)

(2) 신림동 강간 미수

'신림동 강간 미수'는 남성이 혼자 사는 여성을 원룸 건물 안까지 뒤따라간 뒤 방문을 열려고 하였던 사건이다. 경찰은 당초 남성에게 주거 침입 혐의만을 적용하였다가 성폭력 범죄의 처벌 등에 관한 특례법상 '주거침입강간미수' 혐의를 적용하여 구속 영장을 신청하였다.

구속을 찬성하는 입장은 피의자에게 동종 전과가 있다는 점과 피해자가 엄청난 공포심을 느꼈다는 점을 고려해 본다면 피의자를 구속할 필요성이 충분하다고 보았고, 반대하는 입장에서는 강간죄는 폭행 또는 협박으로 사람을 강간함으로써 성립하는 범죄인데, 피의자가 피해자의 방문을 열려고 한 것은 주거침입죄의 실행의 착수로 인정될 수 있을지는 모르나 그 자체만으로는 강간죄의 실행의 착수에는 이른 것으로 볼 수 없다는 것이다.

강간의 실행의 착수가 인정되기만 한다면 실제로 강간에 이르렀는지 여부와는 상관없이 형법이 정한 바에 따라 3년 이상의 유기 징역에 처해질 수 있다. 따라서 실행의 착수 여부는 처벌 기준이 될 수 있는 문제이다.

여성과 범죄

6. 장애인에 대한 강간죄

단순한 지적 장애 외에 **성적 자기 결정권을 행사하지 못할 정도의 정신 장애**를 가지고 있다는 점이 증명되어야 하고, 가해자도 피해자가 이러한 정도의 정신 장애가 있음을 인식하여야 한다.

(1) 성적 자기 결정권

정신적 장애인에 대한 강간죄에 있어 피해자의 정신적 장애의 정도와 신분 관계, 주변의 상황, 가해자의 행위 내용과 방법, 피해자의 인식과 반응 등을 종합적으로 검토해야 한다. 범행 당시의 정황의 구체적 진술이 있고, 소극적인 저항 행위를 하였으며, 사건 이후에 피해 사실을 주변에 전하거나 가해자의 요구에 거부 의사를 표현했다고 해도 피해자에게 성적 자기 결정권이 있었다고 할 수 없다.

따라서 **'신체적인 또는 정신적인 장애로 항거 불능인 상태'**란 신체적 또는 정신적 장애 그 자체로 항거 불능의 상태이거나 신체장애 또는 정신적인 장애가 주된 원인이 되어 심리적 또는 물리적으로 반항이 불가능하거나 현저히 곤란한 상태를 의미한다.

정신적인 장애가 주된 원인이 되어 항거 불능인 상태에 있었는지 여부를 판단함에 있어서는 피해자의 정신적 장애의 정도뿐 아니라 피해자와 가해자의 신분을 비롯한 관계, 주변의 상황 내지 환경, 가해자의 행위 내용과 방법, 피해자의 인식과 반응의 내용 등을 종합적으로 검토해야 할 것이다.(대법원, 2007. 7. 27. 선고 2005도299 판결 참조)

(2) 정신적 장애에 대한 인식

장애인에 대한 성폭행은 피해자가 성적 자기 결정권을 행사하지 못할 정도의 정신 장애가 있다는 점을 범인이 인식하여야 한다. 정신 장애는 지적 장애 외에 성적 자기 결정권을 행사하지 못할 정도에 이르러야 하고, 피해자가 성적 자기 결정권을 행사하지 못할 정도의 정신 장애를 가지고 있는지에 관하여 조사하여야 한다.

(3) 판례

A는 B와 대화를 나누며 B에게 지적 장애가 있는지 전혀 알지 못했기에 죄명이 장애인 강간으로 되어 있어 첫 조사 때 매우 놀라워했다. B 역시 A에게 자신이 장애인임을 밝힌 적은 없다고 경찰에서 진술하였다. 한편 신고를 받고 초동 조치를 담당한 경찰관도 B가 자신이 지적 장애 3급이라는 말을 하기 전까지는 장애인이라 느끼지 못하였으며, 이 사건이 발생한 모텔 업주 역시 B에게 장애가 있는 줄은 몰랐다고 진술하였다.

그러나 ① 진술 분석가가 '아동 및 장애인 진술 분석 의견서'를 통해 피해자 진술의 신빙성에 의문을 제기한 점, ② 피해자가 이전 성범죄 신고를 한 전력을 확인한바, 피해자가 채팅앱을 통해 성매매하며 생활비를 벌었고, 그러던 중 강간 신고를 하여 혐의 없음으로 종결된 건이 몇 차례 나오기도 했던 점 등의 사정으로 인해 피의자는 무혐의 처분을 받았다.

여성과 범죄

《 제2절 》
유사 강간죄

1. 적용 법조

– 폭행 또는 협박으로 사람에 대하여 구강, 항문 등 신체의 내부에 성기를 넣거나 성기, 항문에 손가락 등 신체의 일부 또는 도구를 넣는 행위를 한 사람은 2년 이상의 유기 징역에 처한다.(형법 297조의 2)

– 아동·청소년에 대해 유사 강간죄를 범한 경우에는 5년 이상의 유기 징역에 처한다.(아청법 7조 2항)

– 나아가 13세 미만의 사람에게 유사 강간죄를 범한 경우에는 7년 이상의 유기 징역형으로 가중 처벌된다.(성폭법 7조 2항)

– 장애인에게 유사 강간죄를 범한 경우에는 5년 이상의 유기 징역에 처한다.(성폭법 6조 2항) 친족 관계에 있는 사람을 유사 강간한 자에 대한 가중 처벌 규정이 없다.

2. 주체와 객체

유사 강간죄의 주체와 객체에는 '제한이 없다.', 즉 남자는 물론 여자도 단독 정범·간접 정범·공동 정범이 될 수 있다. 동성 간에도 성립할 수 있다. 다만, 객체가 13세 미만자인 경우에는 성폭력범죄처벌특례법 제7조 제2항에 의하여, 13세 이상 19세 미만의 아동·청소년인 경우에는 아동·청소년성보호법 제7조 제2항에 의하여 가중 처벌된다.

3. 행위

유사 강간죄의 행위는 '폭행·협박으로 유사 강간 행위'를 하는 것이다. 이때 폭행과 협박은 강간죄의 그것과 같다. 즉 상대방의 반항을 불가능하게 하거나 현저히 곤란하게 할 정도여야 한다. '유사 강간'이란 구체적으로는 ① 성기를 제외한 구강, 항문 등 신체의 내부에 성기를 넣거나 ② 성기, 항문에 성기를 제외한 손가락 등 신체의 일부 또는 도구를 넣는 행위를 말한다. 대표적으로는 구강 성교와 항문 성교가 있다.

4. 착수, 기수 시기

실행의 착수 시기는 폭행·협박을 개시한 때이다. 기수 시기는 행위자의 성기, 신체 일부, 도구를 피해자의 신체 등 내부에 넣었을 때이다.

5. 주관적 구성 요건

유사 강간죄는 폭행·협박에 의하여 사람을 유사 강간한다는 사실에 대한 인식과 의사를 내용으로 하는 고의가 있어야 한다.

항문에 손가락이나 도구를 넣는 행위 등의 경우에는 성적 만족을 위한 경향이나 목적까지는 필요하지 않더라도 객관적으로 피해자에게 성적 수치심을 일으킬 만한 행위여야 한다. 따라서 의사가 진단하기 위해 항문에 손가락을 넣는 행위, 항문에 온도계나 좌약을 넣는 의료 행위 등은 본죄의 구성 요건 해당성이 없다.

6. 사례

30대 남성 A 씨는 여동료 김 씨와 서로의 마음을 확인하고 사랑을 나누었다. 직접적인 성관계는 아니지만 마음을 나누기에는 충분하다 느꼈고, 술을 마신 뒤이긴 했지만 A 씨는 자신의 진심과 김 씨의 진심이 통한 것이라고 생각했다. 이제 정식 고백과 함께 교제만 시작하면 될 것이라고 생각했지만 경찰서에서 유사 강간죄로 조사 받게 되었다.

A 씨의 변호사는 김 씨 주장에서 모순점을 찾아냈고 법리 분석과 사건 당시 함께 호텔로 들어가는 CCTV 영상, 아침에 나오면서 큰 다툼이 없었다는 호텔 직원들의 증언과 휴대폰 문자 메시지 등을 확보해 A 씨는 증거 불충분 무혐의 처분을 받았다.

강제 추행죄

- 폭행 또는 협박으로 사람에 대하여 추행을 한 자는 10년 이하의 징역 또는 1천500만 원 이하의 벌금에 처한다.(형법 298조)

- 피해자가 아동·청소년의 경우 2년 이상의 유기 징역 또는 1천만 원 이상 3천만 원 이하의 벌금에 처한다.(아청법 7조 3항)

- 피해자가 13세 미만의 사람일 경우에는 5년 이상의 유기 징역 또는 3천만 원 이상 5천만 원 이하의 벌금에 처한다.(성폭법 7조 3항)

- 피해자가 장애인일 경우에는 3년 이상의 유기 징역 또는 2천만 원 이상 5천만 원 이하의 벌금에 처한다.(성폭법 6조 3항)

- 피해자가 친족 관계에 있는 사람의 경우 5년 이상의 유기 징역에 처한다.(성폭법 5조 2항)

1. 개념

강제 추행이란 상대방의 의사에 반하여 성적 수치심이나 혐오감을 불러일으킬 수 있는 성적 가해 행위를 의미한다. 강제 추행죄에 있어 추행이란 일반인에게 성적 수치심이나 혐오감을 일으키고 선량한 성적 도덕관념에 반하는 행위인 것만으로는 부족하고 그 행위의 상대방인 피해자의 성적 자기 결정의 자유를 침해하는 것이어야 한다.

2. 강제 추행의 조건

(1) 폭행, 협박
① 폭행: 사람에 대한 직간접의 물리적 힘의 행사
② 협박: 해악害惡을 고지하여 상대방에게 공포심과 불안감을 조성시키는 것으로, 제3자에 대한 해악을 고지하는 것을 다 포함한다.

폭행과 협박의 정도에 대해 판례는 상대방의 반항을 곤란하게 할 정도면 이 죄의 성립을 인정하여 강간죄보다 인정의 폭이 넓다.

예컨대 상대방의 중요 부위, 엉덩이, 가슴, 허벅지 등을 만지는 행위, 속옷을 벗기는 행위, 강제로 키스를 하는 행위 등 강제 추행죄는 상대방에 대하여 항거를 곤란하게 할 정도의 폭행 또는 협박을 가하여 추행 행위를 하는 경우에 성립하고, 이 경우의 추행은 '객관적으로 일반인에게 성적 수치심이나 혐오감을 일으키게 하고 선량한 성적 도덕관념에 반하는 행위로서 피해자의 성적 자유를 침해하는 것'이라고 할 것인데,

이에 해당하는지 여부는 피해자의 의사, 성별, 연령, 행위자와 피해자의 이전부터의 관계, 그 행위에 이르게 된 경위, 구체적 행위태양, 주위의 객관적 상황과 그 시대의 성적 도덕관념 등을 종합적으로 고려하여 결정되어야 한다.(대법원, 2007 선고 2006도5979 판결 및 2002. 4. 26. 선고 2001 도2417 판결)

(2) 주관적 동기나 목적

강제 추행을 범하는 사람의 성욕을 자극 흥분, 만족시키려는 주관적 동기나 목적의 필요성에 대하여 판례는 **주관적 동기나 목적은 필요 없다.**

사례에서 여자가 남자의 머리채를 잡아 폭행을 가하자 남자가 화나서 이에 대한 보복의 의미에서 피해 여성의 입술, 귀, 유두, 가슴을 입으로 깨문 것은 남자에게 성욕을 자극, 흥분, 만족시키려는 주관적 동기나 목적이 없어도 된다.

단지 먼저 폭행을 당한 것에 대해 화가 나서 보복의 의미밖에 없었다고 해도 객관적으로 이러한 행위는 피해 여성의 성적 수치심이나 혐오감을 일으키게 하고 선량한 성적 도덕관념에 반하는 행위에 해당하고, 그로 인하여 피해 여성의 성적 자유를 침해하였다고 봄이 타당하다고 보아 강제 추행죄에 대해 유죄로 판결하였다.(대법원, 2013. 9. 26. 선고 20 13 도 58 56 판결)

(3) 판례

① 식당 사장의 남편이 종업원을 강제 추행한 사건(2001도 2417)

갑남은 자신의 처인 을녀가 경영하는 식당의 지하실에서 종업원들인 병녀 및 정녀와 노래를 부르며 놀던 중, 정녀가 노래를 부르는 사이에 병녀를 뒤에서 껴안고 블루스를 추면서 병녀의 유방을 강제로 만졌다. 이는 병의 성적 자유를 침해한 유형력의 행사이므로 강제 추행죄에 해당한다.

② 골프장 사장의 친구인 남성이 종업원에게 러브샷을 강요(2007도10050)

골프장의 종업원들이 거부 의사를 밝혔음에도 골프장 사장과의 친분 관계를 내세워 함께 술을 마시지 않을 경우 신분상의 불이익을 가할 것처럼 협박하여 이른바 러브샷의 방법으로 술을 마시게 한 남성은 강제 추행죄에 해당한다.

③ 밀폐 장소에서의 성기 노출

아파트 엘리베이터 안에서 13세 미만의 어린 여자아이와 단둘이 있는 상황에서 성기를 꺼내 피해자 쪽으로 다가가는 행위는 위력에 의한 13세 미만자에 대한 강제 추행죄(성폭법 7조 5항)가 성립된다. 피해자가 만 11세의 어린 여자인 점, 엘리베이터 안이라는 밀폐된 공간인 점, 피고인이 놀란 피해자에게 의도적으로 가까이 접근해서 위력을 행사한 점 등이 참작되어 대법원에서 원심을 부인하고 **'위력에 의한 13세 미만자 강제 추행죄'를 인정**한 것이다. (대법원, 2013. 1. 16. 선고 20 11도 7164)

3. 준강제 추행죄

준강제 추행은 사람의 심신 상실이나 항거 불능의 상태를 이용하여 추행을 하는 것을 말한다. 술에 만취하거나 잠을 자고 있는 상태를 이용한 경우에는 항거 불능 상태에 있었다고 본다.

4. 기습 추행

(1) 요건

강제 추행죄에 있어 폭행 행위 자체가 바로 추행이 되는데 추행 행위 자체가 상대방에 대한 유형력의 행사라고 볼 수 있는 폭행 행위에 해당하고, 이러한 추행 행위와 폭행 행위가 피해자의 부주의를 틈타 기습적으로 실현된 것이라고 할 수 있다.

'피해자의 부주의 등을 틈타 기습적으로 실현되었는지 여부'는 ① 피해자가 추행 행위를 예상할 수 없는 것인지 ② 추행 행위자와 피해자의 지위나 관계 ③ 추행 행위가 이루어진 장소 등 외부적·객관적 정황상 피해자가 압박감이나 두려움을 느꼈는지 여부 등에 따라 결정된다.

(2) 실행의 착수

기습 추행의 경우는 추행 행위가 폭행 행위이므로 기습 추행의 경우 실행의 착수를 실질적으로 신체에 접촉한 때로 본다면 미수범이 성립될 수가 없다. 갑자기 신체에 접촉하는 순간 강제 추행의 기수에 이른다. 길을 가던 여고생을 뒤따라가 껴안으려고 양손을 높이 든 순간 피해자가 소리를 질러 남자가 멈춰 서 신체 접촉이 없었더라도 강제 추행 미수죄에 해당한다고 판결하였다. 결국 기습 추행의 경우는 신체 접촉을 하려고 '시도'하는 순간으로 보아야 한다.(대법원, 2015. 9. 10. 선고 20 15도)

(3) 판례

노래방에서 노래를 부르면서 놀다가 피해자를 뒤에서 끌어안고 가슴을 만진 경우 기습 추행으로 강제 추행죄가 성립된다.(대법원, 2002. 4. 26. 선고 20 0 1도2417 판결)

준강간, 준강제 추행죄

제299조 준강간, 준강제 추행
- 사람의 심신 상실 또는 항거 불능의 상태를 이용하여 간음 또는 추행을 한 자는 제297조, 제297조의 2 및 제298조의 예에 의한다.

1. 개념

준강간準强姦은 사람의 심신 상실 또는 항거 불능의 상태를 이용하여 간음 또는 추행함으로써 성립하는 범죄이다. 폭행 또는 협박의 방법으로 간음 또는 추행한 것은 아니지만 심신 상실 또는 항거 불능의 상태를 이용하여 같은 결과를 초래한 때에 이를 강간 또는 강제 추행죄와 같이 처벌하는 것이다.

피해자가 피고인과의 성관계를 비롯한 술에 취한 당시의 상황이 전혀 기억나지 않는다고 하더라도, 이는 피고인과의 성관계 등의 행동이 피해자가 의식이 있을 때 이루어졌음에도 나중에 기억해내지 못하는 것으로, 주취에 따른 일시적 기억상실증인 블랙아웃black out(알코올이 임시 기억 저장소인 해마 세포의 활동을 저하시켜 정보의 입력과 해석에 악영향을 주지만, 뇌의 다른 부분은 정상적 활동을 하는 현상) 증상일 가능성을 배제할 수 없다.

심신 상실과 심신 미약의 기준을 보자면, 형법 제10조에서는 심신 상실자에게는 책임 무능력을, 심신 미약자에게는 한정 책임 능력을 적용하고 있다.

2. 행위

심신 상실 또는 항거 불능의 상태를 이용하여 간음 또는 추행하는 것이다. 간음 또는 추행의 의미는 강간죄와 강제 추행죄에서와 같다. 그러나 준강간의 간음 또는 추행은 심신 상실 또는 항거 불능 상태를 이용하여 행하였을 것을 요한다.

여기서 심신 상실 또는 항거 불능의 상태를 이용한다 함은 행위자가 이러한 상태를 인식하였을 뿐만 아니라 그 상태 때문에 간음 또는 추행이 가능하였거나 용이하게 되었음을 뜻한다.

심신 상실이나 항거 불능의 상태를 인식하였다는 것만으로는 족하지 않지만 그것이 동기가 되었을 것까지 요하는 것은 아니다.

종래에는 준강간죄의 기수에 이르지 않은 경우, 실행의 착수가 있은 경우(즉 미수범)만 처벌 대상이었으나 2020년 5월 19일부터는 준강간죄를 범할 목직으로 예비 또는 음모한 사람도 3년 이하의 징역에 처한다.(형법 제305조의 3)

3. 사례

남녀가 술을 같이 마신 상황에서 남자가 의식이 없는 여자를 데리고 여관이나 집으로 가서 성관계를 하는 것이다. 상대방과 합의가 된 상태에서 여관에 들어가 성관계를 할지라도 상대방의 만취 상태에서 행해진 행위는 간음이 된다. 실제로 신분상 피해자인 여자 측에서 고소할 생각이 없고 합의를 하고 모텔에 들어왔다고 진술하였음에도 피고인인 남성은 준강간죄이다.

단, 일부러 술에 만취하게 하거나 약물을 사용한 경우에는 강간죄로 처벌된다. 왜냐하면 이 경우 술을 먹이거나 약물을 사용한 이 행위는 강간죄에서 말하는 폭행에 해당하기 때문이다.

4. 판례

(1) 의사가 마취 후 강간

수면제를 먹어 의식 불명이 된 후 강간한 경우, 최면을 걸어 강간한 경우에는 준강간죄가 아닌 강간죄가 적용된다. 만약 잠자는 여자를 간음하려고 옷을 벗기던 중 여자가 깨어나자 폭행을 하여 강간한 경우에는 강간죄가 성립되나 이미 준강간을 한 뒤 여자가 깨어나 반항을 하자 폭행을 하여 강간한 경우라면 **준강간과 강간죄의 실체적 경합범이 성립**된다. (서울고등법원, 2015. 1. 30. 선고)

(2) 노래방 준강간

피고인과 함께 또다시 술을 마시고 노래방에서 한 시간가량 함께 어울렸다. 이후 피고인은 A양과 모텔로 갔다. 모텔에서 이들은 한 차례 성관계를 맺었고, 이후 또 한 차례 관계를 하려다 술이 깬 A양의 완강한 거부로 이뤄지지 않았다. 이후 A양은 피고인을 준강간 및 강간 미수 혐의로 고소했다.

1심은 "피고인은 만취한 A양의 항거 불능 또는 심신 상실 상태를 이용해 그녀를 간음했다."라며 징역 3년을 선고했다. 하지만 서울고법 형사11부는 준강간 및 강간 미수 혐의로 기소된 피고인에 대한 항소심에서 징역 3년을 선고한 원심을 파기하고 무죄를 선고했다.

재판부는 판결문에서 "피해자가 만취해 피해 당시 상황을 전혀 기억하지 못한다고 해서 피고인이 심신 상실 또는 항거 불능 상태를 이용해 피해자를 간음했다고 볼 수 없다."라고 밝혔다. **또 피해자는 의식이 있을 때 한 일을 나중에 기억하지 못하는 일시적 기억상실증인 블랙아웃**이라고 설명했다. 걸어 들어가는 CCTV 장면도 무죄 근거로 제시했다.

《제5절》
미성년자 의제 강간,
강제 추행

> – 16세 미만의 사람에 대하여 간음을 하고 추행을 한 경우는 폭행, 협박을
> 하지 않더라도 강간죄, 유사 강간죄, 강제 추행죄로 처벌한다.

1. 개념

만 13세 미만인 자에 대해서만 미성년자 의제 강간, 강제 추행이 성립했으나, N번방 성 착취물 제작 및 유포 사건을 계기로 미성년자 의제 강간 기준 연령을 16세로 높이는 법안을 2020년 4월 29일 통과시켰고, 2020년 5월 19일 공포되었다.

만 16세 미만인 사람에 대하여는 간음(성교) 또는 추행(유사 성행위)에 대한 동의 능력을 인정하지 아니하여 강간죄, 유사 강간죄 또는 강제 추행죄의 예에 의하여 처벌하는 것이다.

단, 만 13세 이상 만 16세 미만의 사람에게 간음 또는 추행을 한 사람은 만 19세 이상에 한하여 처벌받는다.

2. 구성 요건

본죄는 16세 미만의 사람이라는 점을 알고 간음·추행하면 성립하며, 폭행·협박을 수단으로 할 것을 요하지 아니한다. 폭행·협박에 의하여 간음 또는 추행한 때에는 성폭력 범죄의 처벌 등에 관한 특례법에 의거, 16세 미만의 미성년자에 대한 강간 또는 강제 추행이 성립한다. 피해자의 동의가 있는 때에도 본죄의 성립에는 영향이 없다.

주관적 구성 요건으로 고의가 있어야 하고 미필적 고의로도 족하다. 행위자는 피해자가 16세 미만이라는 사실을 인식하여야 한다. 피해자가 16세 이상인 것으로 알았으나 사실은 16세 미만인 때에는 사실의 착오로서 고의를 조각한다.

16세 미만의 사람은 관계에 동의했다고 해도 강간죄 등과 같이 형사 처벌을 한다. 피해자가 16세 미만의 연소자라는 사실을 알거나 예상할 수 있어야 한다. 16세 미만일 가능성을 예견할 수 있었다면 미필적 고의가 인정되어 처벌된다. '만 15세 정도 되지 않았을까?' 하는 의심만으로도 미필적 고의가 인정된다. 피의자가 부인하는 경우 정황 증거로 결정한다.

3. 미수범의 처벌

미성년자 의제 강간, 강제 추행의 미수범이 처벌되는 데 대하여는 판례와 학설의 견해가 일치하고 있다.

2020년 5월 19일부터는 본죄를 범할 목적으로 예비 또는 음모한 사람도 3년 이하의 징역에 처한다.(형법 제305조의 3)

4. 피해자 승낙 여부

피고인의 행위가 성욕을 자극·흥분·만족시키려는 주관적 동기나 목적이 없었다고 하더라도, 객관적으로 피해자와 같은 처지에 있는 일반적이고도 평균적인 사람으로 하여금 성적 수치심이나 혐오감을 일으키게 하고 선량한 성적 도덕관념에 반하는 행위에 해당하고, 그로 인하여 정신적·육체적으로 미숙한 피해자의 심리적 성장 및 성적 정체성의 형성에 부정적 영향을 미쳤다면 추행에 해당한다.(판례)

성폭력 범죄의 처벌 및 피해자 보호 등에 관한 법률 제8조의 2 제5항에서 규정한 16세 미만의 미성년자에 대한 추행죄에 있어 '추행'은 객관적으로 상대방과 같은 처지에 있는 일반적이고도 평균적인 사람으로 하여금 성적 수치심이나 혐오감을 일으키게 하고 선량한 성적 도덕관념에 반하는 행위로서 피해자의 성적 자유를 침해하는 것이라고 할 것이다.

피해자의 의사, 성별, 연령, 행위자와 피해자의 이전부터의 관계, 그 행위에 이르게 된 경위, 구체적 행위태양, 주위의 객관적 상황과 그 시대의 성적 도덕관념 등을 종합적으로 고려하여 신중히 결정되어야 할 것이다.(대법원, 2002)

5. 판례

(1) 담임 교사의 추행 행위

담임 교사(남자)인 피고인이 교실에서 자신이 담당하는 반의 남학생인 피해자의 중요 부위를 4회에 걸쳐 만진 사실을 인정한 다음, 그와 같은 피고인의 각 행위는 비록 교육적인 의도에서 비롯된 것이라 하여도 교육 방법으로서는 적정성을 갖추고 있다고 볼 수 없고, 그로 인하여 정신적·육체적으로 미숙한 피해자의 심리적 성장 및 성적 정체성의 형성에 부정적 영향을 미쳤으며, 현재의 사회 환경과 성적 가치 기준, 도덕관념에 부합되지 아니하므로 형법 제305조에서 말하는 '추행'에 해당한다고 판단하였다.(대법원, 2006)

(2) 중학교 여교사 의제 강간

지난해 8월 충북 한 중학교의 30대 여교사가 남학생 제자와 성관계를 가졌다는 이유로 징계위원회에 회부됐다. 하지만 이 교사에 대한 경찰 조사 결과는 무혐의 처분. 미혼인 30대 교사가 중학생 3학년 제자와 성관계를 가졌지만 이들은 서로 연인 관계였다고 주장했다. 서로의 주장이 일치하는 데다 일관돼 경찰은 연인 관계임을 받아들였고 이에 따라 형사 처분이 불가능했다. 당시의 의제 강간 연령은 13세 미만으로 13세 이상의 미성년자 역시 성적 자기결정권이 있다고 법이 정하고 있었기 때문이다. 폭력, 협박, 성 매수, 그루밍 등이 있었다면 형사 처분이 가능하지만 둘은 연인 관계였다고 주장했다.

그런데 앞으로는 이런 사건에서 교사에게 강간죄가 적용된다. 의제 강간 연령이 만 16세 미만으로 상향됐기 때문이다. 다시 말해 이제 교사와 중학생의 성관계는 '강간'이라는 범죄로 규정된다.

여성과 범죄

《 제6절 》
미성년자, 심신 미약자
간음·추행죄

- 미성년자 또는 심신 미약자에 대하여 위계 또는 위력으로써 간음 또는 추행을 한 자는 5년 이하의 징역에 처한다.(형법 302조)

- 피해자가 19세 미만의 아동·청소년인 경우에는 아청법 제7조 제5항이 우선 적용되어 간음의 경우 무기 징역 또는 5년 이상의 징역에 처하고, 추행의 경우는 2년 이상의 유기 징역 또는 1천만 원 이상 3천만 원 이하의 벌금에 처한다.

- 피해자가 13세 미만의 경우에는 성폭법이 적용

- 간음의 경우에는 무기 징역 또는 10년 이상의 징역

- 유사 강간의 경우는 7년 이상의 유기 징역

- 추행의 경우는 5년 이상의 유기 징역 또는 3천만 원 이상 5천만 원 이하의 벌금(성폭법 7조 5항)

1. 개념

피해자는 미성년자 또는 심신 미약자를 말한다. 19세 미만의 미성년자라도 혼인을 하면 성년자로 본다.(민법 826조의 2) 심신 미약자는 성년임에도 정신 기능의 장애로 정상적인 성적 자기 결정 능력이 부족한 사람이다.

미성년자란 19세 미만의 자로 아청법이 제·개정된 후 13세 이상이며, 19세가 되는 해를 맞지 않은 자에 대한 범죄는 아청법의 가중처벌 규정이 우선 적용되므로 본죄의 미성년자는 20살이나 생일을 맞지 않아서 만 18세인 사람으로 한정된다.
또한 혼인한 미성년자는 민사상 성년 의제가 되지만 여전히 공법상 미성년자이기 때문에 대상이 된다.

심신 미약자란 정신 기능의 장애로 정상적인 판단 능력이 부족한 자를 말하며, 그 연령은 묻지 않는다. 형법 제10조의 심신 미약과 반드시 의미를 같이하는 것은 아니다.

2. 행위

본 범죄는 미성년자 또는 심신 미약자를 착오에 빠뜨려 정상적인 성적 의사 결정을 하지 못하게 하는 경우를 의미한다. 범죄자가 간음의 목적으로 오인, 착각, 부지를 유발하고 피해자의 심적 미약 상태에서 간음하는 것을 말한다.

치료, 종교의식을 빙자하여 간음 당한다는 사실을 알지 못하게 하거나 착오를 일으키는 경우이다. 간음과 직접적인 관련성이 인정되지 않는 다른 조건에 관한 오인, 착각, 부지는 제외한다.

여자 청소년은 성인에 비하여 정신적, 육체적으로 성숙되지 아니한 상태에 있어, 여자 청소년에 대하여는 형법상의 강간죄가 요구하는 정도의 폭행, 협박을 사용하지 않고 위계 또는 위력만으로도 간음죄를 범할 수 있다.

(1) 위계
위계라 함은 행위자가 간음의 목적으로 상대방에게 오인, 착각, 부지를 일으키고 상대방의 그러한 심적 상태를 이용하여 간음의 목적을 달성하는 것을 말하며, 기망뿐만 아니라 유혹도 포함된다.

또한 여기서 말하는 오인, 착각, 부지는 간음 행위 자체(예: 나와 간음하면 병이 낫는다, 부모님이 돌아온다.)에 대한 것임을 요하므로 간음 행위와 불가분적 관련성이 인정되지 않는 다른 조건에 관한 오인, 착각, 부지는 제외된다. 예를 들어 피해자에게 남자를 소개시켜 준다고 거짓말을 하여 여관으로 유인하여 간음한 경우에는 본죄의 위계에 해당하지 않는다.(2002도 2029)

(2) 위력

위력이란 사람의 의사를 제압할 수 있는 힘을 말한다. 폭행, 협박은 물론 지위, 권세를 이용하여 상대방의 의사를 제압할 수 있는 일체의 행위를 포함한다. 그러나 폭행, 협박의 경우에는 그것이 강간죄 또는 강제 추행죄의 폭행, 협박에 이르지 않을 것을 요한다. 피해자가 미성년자라 할지라도 강간죄에서 요구하는 정도의 폭행, 협박으로 간음한 때에는 본죄가 아니라 강간죄가 성립한다.

3. 판례

(1) 미성년자 위계 위력에 의한 간음 인정

피해자에게 남자를 소개시켜 준다고 거짓말을 하여 여관으로 유인하여 간음한 경우 피고인이 심신 미약 상태의 피해자에게 남자를 소개시켜 주겠다고 거짓말을 하였다는 점 외에는 달리 피해자를 간음하기 위하여 어떠한 위계를 하였음을 인정할 다른 증거가 없는 바, 피고인이 피해자를 여관으로 유인하기 위하여 거짓말을 하고 피해자가 여관으로 오게 되었고 성관계를 하게 되었다 할지라도, 그녀가 여관으로 온 행위와 성교 행위 사이에는 불가분의 관련성이 인정되지 아니하는 만큼 이로 인하여 피해자가 간음 행위 자체에 대한 착오에 빠졌다거나 알지 못하였다고 할 수 없다.

피고인의 위 행위는 형법 제302조 소정의 위계에 의한 심신 미약자 간음죄에 있어서 위계에 해당하지 아니한다 할 것이다.(대법원, 2002)

(2) 위계의 관련성이 부인된 판례

위계란 청소년을 기망 혹은 유혹하여 그를 착오에 빠뜨리게 하거나 부지인 상태를 이용하여 청소년을 간음하는 것으로, 착오 내지 부지란 간음 행위 자체에 대한 착오 내지 부지를 의미한다고 보아야 할 것이다. 화대를 약속하고 청소년을 간음한 경우는 **간음의 의미를 아는 사리 판단력이 있는 상대방에 대하여는 금품 교부 등과 성교 사이에 불가분의 관련성이 있다고 할 수 없다.**

(3) 위력에 의한 간음 인정

피해자의 자유의사를 제압하기에 충분한 세력을 의미하고 유형적이든 무형적이든 폭행, 협박뿐 아니라 행위자의 사회적·경제적·정치적인 지위나 권력을 이용하는 것도 의미하며 '위력'으로써 간음하였는지 여부는 행사한 유형력의 내용과 정도 내지 이용한 행위자의 지위나 권세의 종류, 피해자의 연령, 행위자와 피해자의 이전부터의 관계, 그 행위에 이르게 된 경위, 구체적인 행위태양, 범행 당시의 정황 등 제반 사정을 종합적으로 고려하여 판단하여야 한다.(대법원, 2005)

업무상 위력 등에 의한 간음죄

- 업무, 고용이나 그 밖의 관계로 인하여 자기의 보호, 감독을 받는 사람에 대하여 위계 또는 위력으로 추행한 사람은 3년 이하의 징역 또는 1,500만 원 이하의 벌금에 처한다고 규정하고 있다.

- 추행이 아닌 간음의 경우에는 형법에 의하여 7년 이하의 징역 또는 3,000만 원 이하의 벌금에 처한다.

---

1. 개념

본죄는 업무·고용 기타 관계로 인하여 자기의 보호 또는 감독을 받는 사람을 위계 또는 위력에 의하여 간음함으로써 성립한다. 피보호·감독자의 성적 자유를 보호 법익으로 하며, 보호·감독을 받는 지위로 인하여 사람의 성적 자유가 부당하게 침해되는 것을 보호한다.

2. 객체

업무·고용 기타 관계로 인하여 자기의 보호·감독을 받는 사람이다. 업무란 개인적 업무와 공적 업무를 포함하며, 고용이란 사용자와 피용자의 관계를 말한다. 기타 관계로 인하여 보호·감독을 받는 사람이란 고용은 되지 않았으나 사실상 보호·감독을 받는 관계를 말하며, 그 원인은 문제되지 않는다.

판례는 처가 경영하는 미장원에 고용된 부녀가 여기에 해당한다고 판시하였다.(대법원, 1976. 2. 10. 74도1519)

3. 행위

위계 또는 위력으로써 간음하는 것이다. 13세 미만의 피보호·감독자를 위계 또는 위력에 의하여 간음한 때에는 미성년자 의제 강간이 성립하고, 미성년자 또는 심신 미약자인 때에는 미성년 심신 미약자 간음 추행죄가 성립한다. 간음이 아닌 유사 성교나 추행의 경우는 성폭력 범죄의 처벌 등에 관한 특례법에 따라 처벌된다.

여기서 말하는 '업무'란 사적 업무, 공적 업무를 불문하고, '고용'은 사용자와 피용자의 관계에 있는 것을 말하며, '그 밖의 관계'란 사실상 보호, 감독을 받는 관계로 그 원인은 불문한다.

'위력'은 상대방의 자유의지를 억제하기에 충분한 권세를 가리키는 것인데, 폭행, 협박은 물론 사회적, 경제적, 정치적 지위나 권세를 이용하는 것도 포함한다.

4. 판례

(1) 에티오피아 대사 사건

에티오피아 대사 김 모 씨에게 지난 7월 징역 1년의 실형이 확정되었다. 김 전 대사는 2015년 3월경 자신의 감독·보호를 받는 부하 직원을 관저에서 성폭행한 혐의로 재판에 넘겨졌는데, 2017년 5월 대사관 관용차 뒷좌석에서 다른 부하 직원의 손과 팔뚝을 만지는 등 성추행을 한 혐의도 받고 있었다.

(2) 여기자 성추행 사건

한 주간지 대표도 소속 여성 기자를 추행한 혐의로 법원으로부터 징역형의 집행 유예 판결을 선고받았다. 위 대표는 자신의 언론사 사무실 안에서 업무 중이던 여성 편집 기자를 껴안고 입을 맞추려고 하는 등의 혐의로 기소되었다.

(3) 안희정 도지사 사건

대법원(2005.7.29 선고)은 위력에 대해 "피해자의 성적 자유의사를 제압하기에 충분한 세력으로서 유형적이든 무형적이든 묻지 않으며 폭행·협박뿐 아니라 행위자의 사회적·경제적·정치적인 지위나 권세를 이용하는 것"이라 판시한 바 있다.(중략)

첫 성폭력 사건인 2017년 7월 29일 러시아 보트 성추행부터 마지막 성폭력인 2018년 2월 25일 마포 오피스텔 간음까지 시간 흐름에 따라 사건을 판단했다. 이 과정에서 시기가 구체적으로 특정되지 않은 2017년 8월 중순~말경 도지사 집무실 성추행 건은 증명이 부족하다며 무죄로 봤다.

재판부는 판결문에 "10차례 성폭력 과정에서 피고인과 피해자의 업무상 관계, 피고인과 피해자의 감정과 심리 상태, 개별 사건에 관련된 주변인들의 유무와 경험, 주변 상황 등이 모두 동일하지 않고 점차 변화한 것으로 보인다."라며 따라서 "각 범행의 시간적 순서에 따라 개별적으로 판단함이 상당하다."(출처: SBS 뉴스)

피구금자 간음죄(강제 추행죄)

- 법률에 의하여 구금된 사람을 감호하는 자가 그 사람을 간음한 때에는 7년 이하의 징역에 처한다.(형법 303조 2항)

- 추행한 자는 3년 이하의 징역 또는 1천500만 원 이하의 벌금에 처한다.(성폭법 10조 2항)

1. 개념

법률에 의하여 구금된 자를 감호하는 자가 그 사람을 간음함으로써 성립하는 범죄이다. 성적 자기 결정의 자유가 제한되어 있는 피구금자의 성적 자기 결정의 자유를 보호 법익으로 하지만, 피구금자에 대한 평등한 처우와 감호자의 청렴성에 대한 일반의 신뢰도 동시에 보호하는 것이다.

피구금자를 감호하는 자가 간음함으로써 성립할 수 있는 자수범이다. 그러므로 본죄는 간접 정범에 의하여 범하여질 수는 없다. 본래 부녀를 대상으로 했지만 2013년 6월 19일 자로 사람으로 확대한다.

행위 주체는 검찰, 경찰 공무원, 교정직 공무원, 보도직 공무원이 주가 되지만, 특별형사사법관리에 해당하는 소년, 마약, 환경보호, 공안, 보호관찰, 세무 등의 직무에 종사하는 공무원도 그 직무와 관련하여 일시 피구금된 사람을 감호하는 지위에 있을 경우 이 죄의 주체가 될 수 있다.

2. 객체

객체는 법률에 의하여 구금된 자이다. '법률에 의하여 구금된 자'란 형사 소송법에 의하여 구금된 사람을 말하며, 여기에는 확정 판결에 의하여 형의 집행을 받고 있는 자, 노역장에 유치된 자, 구속된 형사 피의자 및 피고인이 포함된다.

피보호·감독자 간음죄 중 기타 관계로 인하여 자기의 보호 또는 감독을 받는 사람에는 직접 고용 관계에 있지 않아도 사실상의 보호 감독을 받는 상황에 있는 부녀도 포함된다. 피구금자 간음죄는 폭행·협박이나 위계·위력 등의 수단을 필요로 하지 않으므로 설사 피해자가 성관계에 동의했다고 해도 성립된다. 피구금자는 공포 또는 심리적 압박감 때문에 폭행·협박 또는 위계나 위력의 수단에 의하지 않아도 성적 자유가 침해될 수 있음을 고려한 것이다.

3. 주체

주체는 사람을 감호하는 자이고 본죄는 신분범이다. 피구금자 간음죄는 감호자가 피구금자를 간음함으로써 성립하며 특별한 수단을 요건으로 하지 않는다. 피구금자는 공포 또는 심리적 열약감 때문에 폭행·협박 또는 위계나 위력의 수단에 의하지 않아도 성적 자유가 침해될 수 있음을 고려하여 법률이 특별한 보호·감독 관계를 규정한 것이라고 할 수 있다. 따라서 피해자의 승낙은 본죄의 성립에 영향을 미치지 아니한다. 피구금자가 감호자에게 성관계를 요청한 경우에는 감호자의 청렴성 또한 부차적인 보호 법익이기 때문에 본 죄가 성립한다고 보는 것이 타당하다.

4. 판례

피고인은 동 미장원 여주인 남편으로서 매일같이 동 미장원에 수시로 출입하고 있을 뿐 아니라 청소는 물론 동 미장원을 지켜주고 피고인을 '주인아저씨', '주인 남자'라고 부르면서 직접·간접의 지시에 따르고 있었다는 사정 등이 시인될 수 있다. 이 사건의 피고인은 사실상 자기의 보호 또는 감독을 받는 상황에 있는 부녀의 경우에 해당된다고 볼 수 있다.(대법원, 1976)

제5장

특별법상
성범죄

《제1절》
공중 밀집 장소에서의 추행

> – 공중 밀집 장소에서의 추행죄에 의거 대중교통수단, 공연·집회 장소, 그 밖에 공중이 밀집하는 장소에서 사람을 추행한 사람은 1년 이내의 노역 복무나 300만 원 이하의 벌금에 처한다.(성폭력범죄의 처벌 등에 관한 특례법 제11조)

1. 개념

공중 밀집 장소에서의 추행은 여성의 특정 신체 부위를 접촉하거나 문지르는 등의 행위가 해당하고, 공중 밀집 장소에서의 추행의 주요한 기준으로는 행위가 반복적으로 이루어졌는지이다. 예컨대 지하철 안에서 앞에 서 있는 여자의 엉덩이 뒤편에 손을 대고 있다가 지하철이 흔들릴 경우 여자의 엉덩이가 손에 닿도록 유도하는 것도 미필적 고의에 해당할 수 있다.

대중교통수단, 공연·집회 장소, 그 밖에 공중公衆이 밀집하는 장소에서 사람을 추행한 사람은 1년 이하의 징역 또는 300만 원 이하의 벌금에 처한다. 지하철에서의 강제 추행은 고의범으로, 과실로 추행하게 된 경우는 처벌할 수 없다.

성적 수치심을 일으키는 신체를 접촉할 시에 혐의가 인정되는 점은 동일하나 공중 밀집 장소에서의 추행은 '공중이 밀집된 장소'이다.

지하철 혹은 버스와 같은 대중교통이 비교적 적발 건수가 상당한 편이며 공연장, 페스티벌 행사장 그리고 찜질방이나 공원과 같은 장소이다.

2. 판례

(1) 찜질방 사건

남성 B 씨는 찜질방에서 수면을 취하고 있는 여성의 코를 만지면서 아름답다고 말했다. 강남의 모 찜질방에서 여성 A 씨는 잠을 자고 있는데 갑자기 얼굴에 느껴지는 손길에 눈을 떠보니 술 냄새를 풍기는 한 남성이 자신의 얼굴을 만지는 것을 목격하였다. 남성 B 씨는 얼굴이 아름답다는 말을 하였고 이에 놀란 여성 A 씨는 경찰에 신고하였다. B 씨의 행위는 공중 밀집 장소 추행으로 기소되었다.

B 씨의 행위가 사회 통념상 적절한 것으로 판단되지는 않으나 추행 행위로 인정되기 위해서는 보통 사람에게 성적 수치감이나 혐오심을 불러일으키는 것으로 평가되어야 하는데, A씨가 코를 만진 행위는 그에 해당한다고는 볼 수 없다고 판시하였다.

(2) 지하철 내 사건

피고인이 지하철 내에서 갑女의 등 뒤에 밀착하여 무릎을 굽힌 후 중요 부분을 갑의 엉덩이 부분에 붙이고 앞으로 내미는 등 갑을 추행하였다.

가. 원심 판결의 요지

원심은 성폭력 처벌법 위반(공중 밀집 장소에서의 추행)죄가 기수에 이르기 위해서는 객관적으로 일반인에게 성적 수치심이나 혐오감을 일으키게 할 만한 행위로서 선량한 성적 도덕관념에 반하는 행위를 행위자가 대상자를 상대로 실행하는 것으로 충분하고, 행위자의 행위로 말미암아 대상자가 성적 수치심이나 혐오감을 반드시 실제로 느껴야 하는 것은 아니라는 이유로 변경된 공소 사실 중 주위적 공소 사실인 성폭력 처벌법 위반(공중 밀집 장소에서의 추행) 부분을 유죄로 인정하였다.

나. 대법원 판결의 요지

구 성폭력 범죄의 처벌 등에 관한 특례법(2020. 5. 19. 법률 제17264호로 개정되기 전의 것) 제11조는 '대중교통수단, 공연·집회 장소, 그 밖에 공중이 밀집하는 장소에서 사람을 추행한 사람'을 1년 이하의 징역 또는 300만 원 이하의 벌금에 처하도록 하고 있다.

여성과 범죄

입법 취지는 도시화된 현대 사회에서 다중이 출입하는 공공연한 장소에서 추행 발생의 개연성과 함께 그에 대한 처벌의 필요성이 높아진 반면, 피해자와 접근이 용이하고 추행 장소가 공개되어 있는 등의 사정으로 피해자의 명시적·적극적인 저항이나 회피가 어려운 상황을 이용하여 유형력을 행사하는 것 이외의 방법으로 이루어지는 추행 행위로 말미암아 형법 등 다른 법률에 따른 처벌이 여의치 않은 상황에 대처하기 위한 것이다.

성적 목적을 위한 다중 이용 장소 침입

> 자기의 성적 욕망을 만족시킬 목적으로 화장실, 목욕장·목욕실, 또는 발한실發汗室, 모유 수유 시설, 탈의실 등 불특정 다수가 이용하는 다중 이용 장소에 침입하거나 같은 장소에서 퇴거의 요구를 받고 응하지 아니하는 사람은 1년 이하의 징역 또는 1,000만 원 이하의 벌금에 처한다.

1. 개념

성폭력 특례법에서 '성적 목적 공공장소 침입'이라는 죄목은 찾아볼 수 없다. '성적 목적 다중이용 장소 침입'이라는 명칭으로 개정되었다.

구성 요건도 '자기의 성적 욕망을 만족시킬 목적으로 화장실, 목욕장·목욕실, 또는 발한실發汗室, 모유 수유 시설, 탈의실 등 불특정 다수가 이용하는 다중 이용 장소에 침입하거나 같은 장소에서 퇴거의 요구를 받고 응하지 아니하는 사람'으로 변경됐다.

2. 사례

(1) 대학생 여자 화장실 침입

피의자 A 씨는 여장을 하고 대학교 여자 화장실에 들어갔다. 화장실을 이용하려고 했던 여학생은 경찰에 신고를 했고, A 씨는 현행범으로 체포되었다. A 씨는 몰카를 촬영하러 간 것이 아니라 단순히 호기심에 들어갔다고 진술하였다.

(2) 여자 화장실 엿보기

40대 남성이 1시간이 넘도록 여자 화장실에 숨어 있다가 발각돼 경찰에 붙잡혔다. 경남 ＊＊경찰서는 성폭력 범죄의 처벌 등에 관한 특례법 위반(성적 목적을 위한 공공장소 침입 행위) 혐의로 40대 중반의 A 씨를 불구속 입건했다.

오후 1시 30분쯤 화장실에 침입한 A 씨는 약 1시간 20분을 여자 화장실에 숨어 있었다. A 씨의 범행은 화장실을 이용하던 한 여성이 "남자가 용변 칸 위로 훔쳐봤다."라고 신고하였다.

당시 지하상가의 고객 센터 직원이 신고를 받고 현장에서 A 씨를 확인했다. A 씨는 "화장실이 급해 남자 화장실인 줄 알고 잘못 들어갔다. 화장실을 나가기 위해서 옆 칸을 확인했다."라고 해명했다. 이에 직원이 A 씨를 돌려보냈으나 여성이 항의하자 다시 고객 센터에서 112에 신고했다.

통신 매체를 이용한 음란 행위

자기 또는 다른 사람의 성적 욕망을 유발하거나 만족시킬 목적으로 전화, 우편, 컴퓨터, 그 밖의 통신 매체를 통하여 성적 수치심이나 혐오감을 일으키는 말, 음향, 글, 그림, 영상 또는 물건을 상대방에게 도달하게 한 사람은 2년 이하의 징역, 또는 500만 원 이하의 벌금에 처한다.

1. 개념

통신 매체 이용 음란죄란 인격권, 건전한 성 풍속, '성적 자기 결정권으로 성적 수치심을 일으키는 그림 등을 개인의 의사에 반하여 접하지 않을 권리'이다. 연인 사이에 합의하에 통신 매체를 사용한 것은 해당하지 않는다.

통신 매체 이용 음란죄는 위태범으로 상대에게 성적 수치심/혐오감을 일으킬 가능성이 있다면 상대가 실제로 혐오감을 느끼지 않아도 기소할 수 있다.

2018년 대법원 판례에 의하면 성적 욕망 목적이 증명되지 않더라도 상대방에게 성적 수치심을 줬다면 그것 자체로 성적 욕망 목적으로 보아 유죄로 보았다. 예전에는 성적 욕망의 목적이 아닌 단순히 상대방을 비하하기 위한 목적으로 성적인 욕을 했다면 무죄였지만 지금은 유죄라는 것이다.

2. 몸캠 피싱

몸캠 피싱은 애플리케이션을 설치하게 하거나 해킹 링크로 접속을 유도한 뒤 상대방에게 노출 사진을 촬영하게 하고 주변 지인들에게 전파하겠다고 협박을 통해 돈을 뜯어내는 사기 수법이다.

영톡, 즐톡, 심톡 등의 애플리케이션을 통해 모르는 사람으로부터 스카이프, 라인, 카카오톡 등 영상 통화를 요청하고 PC와 스마트폰 간에 연동이 가능한 애플리케이션으로 대화하자고 한다면 몸캠 피싱일 가능성이 높다.

영상 통화를 시작하면 탈의한 여자의 모습이 뜨면서 음란한 영상으로 요청한다. 하지만 상대방의 영상은 미리 녹화하여 편집한 영상이다.

영상 통화를 하다가 목소리가 안 들린다며 apk 확장자나 zip 확장자를 보내준다. 이를 받아 열면 연락처, GPS, 저장된 사이트의 아이디와 비밀번호 등이 노출되어 버린다. 이렇게 얼굴과 몸이 노출된 영상, 연락처 등을 받았다면 피싱 상황이 된 것이다. 이후 영상을 전파한다고 협박을 하고 돈을 요구한다.

3. 사회적 문제

통신 매체 이용 음란죄는 정보 통신 기술의 발달로 발생한 문제이다. 본죄의 문제는 간단히 광범위하게 전파될 수 있고 당사자들이 통제하지 못하는 경우가 대부분이라 사회적인 위험이 있다는 점이다.

트위터 등 SNS를 이용한 몸캠이 증가하였으나 트위터는 개인 정보나 IP 등을 수사 기관에 제공하지 않는다. 이런 경우 신원 확인이 되지 않아서 고소하지 못하게 되는 상황이 발생할 수 있다. 용의자들은 대부분 중국에 있고 인출책 정도를 체포할 수 있다.

4. 신고 방법

페이스북 등에서 여자가 몸캠을 유도하는 것은 피싱일 확률이 높으므로 20~40대 남성들이 친구 추천이 있고 여자의 연락처까지 있다면 차단이나 신고를 해야 한다.

IT 정보보안업체에 동영상이 유포되는 것을 차단해달라고 의뢰한다. ㈜라바웨이브, 올세이프 등이 있다.

이 협박범들은 조선족이거나 대포통장을 사용하므로 경찰에 신고해도 범인을 검거하기 어렵다. 사장은 중국이나 필리핀 등에 있고, 인출책, 협박책 등은 국내에 있는 형태이다. 최근에는 중국 공안과 공조 수사를 통해 중국에 있는 사장도 체포하고 있다.

먼저 채팅 화면을 캡처하고, 전화를 받았다면 녹취해서 증거를 확보하고, 계좌번호를 받았다면 계좌번호도 신고해야 한다. 카카오톡 등 SNS 계정을 탈퇴하며, 재가입할 때는 다른 아이디와 비밀번호를 사용한다.

안드로이드 사용자의 경우 설정→보안→출처를 알 수 없는 앱 체크 해제로 출처를 알 수 없는 앱의 설치를 막는다.

5. 사례

(1) 카카오톡 메신저로 성관계 제안을 한 남성

A 씨는 2017년 대학원을 함께 다닌 여성 B 씨(43)와 술을 마시고 헤어진 뒤 '성관계하지 않겠느냐'는 카카오톡 메시지를 발송했다. B 씨는 그가 자신에게 성적 수치심과 혐오감을 줬다며 고소했다.

"A 씨 행동은 성폭력 처벌법의 '통신매체를 이용한 음란 행위'로 규정할 수 있다."라며 "벌금형을 선고한 1심 판단은 정당하다."라고 판결을 내렸다.

(2) 여성 상담원에게 음란한 욕설

회사원인 P 씨(50)는 2013년 12월 모 통신 업체 고객 센터의 여성 상담원에게 여성의 성기를 지칭하는 단어를 포함한 욕설을 수차례 되풀이했다. 이런 식으로 1년여간 이 고객 센터의 여성 상담원들에게 무려 9천982차례나 욕설이나 성희롱 성격의 말을 반복한 혐의로 기소되었는데, 성폭법 위반(통신 매체 이용 음란)죄와 업무 방해죄가 적용됐다.

카메라 등을 이용한 촬영

– 카메라나 그 밖에 이와 유사한 기능을 갖춘 기계 장치를 이용하여 성적 욕망 또는 수치심을 유발할 수 있는 다른 사람의 신체를 그 의사에 반하여 촬영하거나 그 촬영물을 반포·판매·임대·제공 또는 공공연하게 전시·상영한 자는 5년 이하의 징역 또는 1천만 원 이하의 벌금에 처한다.(1항) 상대방의 동의 없이 촬영하거나 반포 등을 하는 경우에 처벌된다.

– 하지만 만약 상대방이 촬영 당시에는 촬영 대상자의 의사에 반하지 아니하여 촬영했다고 해도 사후에 그 의사에 반하여 촬영물을 반포·판매·임대·제공 또는 공공연하게 전시·상영한 자는 3년 이하의 징역 또는 500만 원 이하의 벌금에 처한다.(2항)

– 영리를 목적으로 제1항의 촬영물을 정보통신망을 이용하여 유포한 자는 7년 이하의 징역 또는 3천만 원 이하의 벌금에 처한다.(3항)

1. 개념

경찰청의 '카메라 등을 이용한 촬영 범죄 현황' 통계에 따르면, 2012년 2,400건이었던 몰카 범죄는 2015년 7,623건으로 세 배 이상 증가했고, 2016년에는 5,185건, 2017년에는 6,470건으로 그 수는 늘어나는 추세이다.

몰카는 기술의 발달과 함께 휴대 전화뿐만 아니라 넥타이, 볼펜, 물병, 탁상시계, 안경, 벨트 등 다양한 형태로 발전했고 손쉽게 구매도 가능하다. 수많은 초소형 카메라가 인터넷에서 버젓이 판매되고 있고 간단한 검색만으로도 구매가 가능하다.

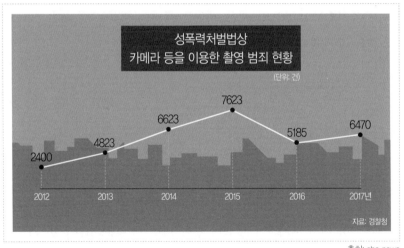

출처: sbs news

2. 판례

(1) 20대 여성 몰카 촬영

전북 전주에 사는 A 씨(41)는 지난달 1일 오전 4시 47분쯤 완산구 효자동 한 도로에서 스커트 차림의 20대 여성 신체 일부를 몰래 촬영하다 경찰에 덜미를 잡혔다. 그는 행인 행세를 하며 이 여성의 뒤를 몰래 밟으며 촬영했다 이를 수상히 여긴 피해자가 촬영 확인을 요청하자 현장에서 달아났다가 신고를 받고 출동한 경찰에 붙잡혀 불구속 입건됐다.

같은 지역에 사는 B 씨(21)는 여자 친구가 이별을 요구하자 휴대전화 카메라로 몰래 촬영한 성관계 영상을 사회관계망서비스sns에 유포하겠다고 협박하는 등 폭력을 행사한 혐의로 법정에 서게 돼 지난 7월 징역형을 선고받았다.

(2) 워터파크 몰카 사건

워터파크에서 여성의 나체 전신을 촬영하고 영리 목적으로 인터넷에 유포한 자가 구속되어 1심에서 실형을 선고받았다. 제주지법에서는 과거 동종 범죄로 집행 유예 전과가 있는 자신의 택시 안에 카메라 장비를 설치하고 여성 승객들의 은밀한 신체 부위를 몰래 촬영한 택시 기사에게 법원이 징역 1년의 실형을 선고하고 80시간의 성폭력 치료 프로그램 이수를 명령했다. 2년간 개인 신상 정보 공개를 명했다.

3. 대응책

경찰은 디지털 매체를 이용한 성범죄에 대한 사회적 불안감을 해소하기 위해 불법 촬영 행위에 대한 집중 점검과 함께 위험 환경 개선을 하고 있다. 지자체, 유관 기관과 합동 단속반을 편성해 각급 학교, 다중 이용 시설 등을 대상으로 전문 탐지 장비를 이용해 검거활동을 벌이고 있다.

몰래 카메라 등을 발견하면 설치 등의 흔적이 있거나 선정적인 낙서를 제거하거나 성범죄의 경각심 제고와 신고 활성화를 위한 홍보 활동도 하고 있다.

이러한 경찰의 대응책도 중요하지만 몰카 범죄가 3년 이하의 징역 또는 500만 원 이하의 벌금에 해당하는 중대 범죄라는 인식의 확산이 필요하고, 여성 스스로도 늘 몰카 범죄의 대상이 될 수 있다는 의식을 해야 한다. 공중 화장실, 모텔, 지하철, 버스 등에서 주변의 남성들이 핸드폰, 안경, 볼펜 등의 물건을 가지고 접근할 때는 자리를 피해야 하고, 에스컬레이터, 계단 등을 스커트를 입고 오를 때도 남성이 몰카로 의심되는 물건을 휴대하고 쳐다보고 있는지 주위를 살펴야 하는 시대가 온 것이다.

《 제5절 》
아동·청소년 이용
음란물 제작·배포 등

– 아동·청소년 이용 음란물을 제작·수입 또는 수출한 자는 무기 징역 또는 5년 이상의 유기 징역에 처한다.(1항)

– 영리를 목적으로 아동·청소년 이용 음란물을 판매·대여·배포·제공하거나 이를 목적으로 소지·운반하거나 공연히 전시 또는 상영한 자는 10년 이하의 징역에 처한다.(2항)

– 아동·청소년 이용 음란물을 배포·제공하거나 공연히 전시 또는 상영한 자는 7년 이하의 징역 또는 5천만 원 이하의 벌금에 처한다.(3항)

– 아동·청소년 이용 음란물을 제작할 것이라는 정황을 알면서 아동·청소년을 아동·청소년 이용 음란물의 제작자에게 알선한 자는 3년 이상의 징역에 처한다.(4항)

– 아동·청소년 이용 음란물임을 알면서 이를 소지한 자는 1년 이하의 징역 또는 2천만 원 이하의 벌금에 처한다.(5항) 제1항의 미수범은 처벌한다.(6항)

1. 개념

아동·청소년 또는 청소년으로 명백하게 인식될 수 있는 사람이나 표현물이 등장하여 성교 행위, 구강·항문 등 신체의 일부나 도구를 이용한 유사 성교 행위, 신체의 전부 또는 일부를 접촉·노출하는 행위로서 일반인의 성적 수치심이나 혐오감을 일으키는 행위, 자위행위 중 어느 하나에 해당하는 행위를 하거나 그 밖의 성적 행위를 하는 내용을 표현하는 것으로서 필름·비디오물·게임물 또는 컴퓨터나 그 밖의 통신 매체를 통한 화상·영상 등의 형태로 된 것을 말한다.(동법 2조 5호)

아동·청소년을 이미지화한 그림, 만화, 애니메이션, 컴퓨터 그래픽 등 '가상의 아동·청소년 음란물'도 포함된다. '표현물'에는 실제 사람이 등장하지 않는 가상의 음란물도 포함된다고 보아야 한다.

아동·청소년으로 명백하게 인식될 수 있는 사람이 등장하여 성교 행위 등을 해야 하고, 아동·청소년으로 명백하게 인식되어야 하고, 아동·청소년으로 인식될 수 있는 사람이 등장하는 '아동·청소년 이용 음란물'이라고 하기 위해서는 주된 내용이 아동·청소년의 성교 행위 등을 표현하는 것이어야 할 뿐만 아니라, 등장인물의 외모나 신체 발육 상태, 영상물의 출처 제작 경위, 등장인물의 신원에 대하여 주어진 여러 정보 등을 종합적으로 고려하여 외관상 의심의 여지 없이 명백하게 아동·청소년으로 인식되는 경우라야 한다.(대법원, 2014. 9. 24. 선고 2013도4503 판결)

2. 제작 방법

가해자가 피해자에게 위협하여 휴대폰의 카메라로 촬영되는 영상이
전송되는 영상 통화를 피고인에게 걸게 한 후 아동·청소년으로 하여금
음란한 영상물을 스스로 촬영하게 하고 가해자의 휴대폰으로 전송되어
온 영상 통화 파일을 저장하는 방법도 제작 방법의 하나이다.(서울북부지
방법원, 2011. 11. 11. 선고 20 11고맙116 판결)

'아동·청소년 이용 음란물'은 아동·청소년이 등장하여 행위를 하거나
그 밖의 성적 행위를 하는 내용을 표현하는 것으로서, 필름, 비디오물,
게임물 또는 컴퓨터나 그 밖의 통신 매체를 통한 화상, 영상 등의 형태
로 된 것을 의미하고, 컴퓨터나 그 밖의 통신 매체를 통한 화상, 영상도
청소년 이용 음란물로 보고 있다.

3. 아동·청소년 이용 음란물을 유포한 경우

① 영리를 목적으로 아동·청소년 이용 음란물을 판매·대여·배포
하거나 이를 목적으로 소지·운반하거나 공연히 전시 또는 상
영한 자는 7년 이하의 징역에 처한다.(2항)

② 아동·청소년 이용 음란물을 배포하거나 공연히 전시 또는 상
영한 자는 3년 이하의 징역 또는 2천만 원 이하의 벌금에 처한
다.(4항)

4. 동의를 받거나 사적 소지 목적으로 제작한 경우

아동·청소년이 촬영에 동의한 경우나 단지 사적인 소지 목적으로 제작한 경우도 처벌 대상이 된다.(대법원, 2015. 2. 12. 선고 2014 도 11501 판결) 이는 청소년기의 청소년들에게 심각한 상처를 주고, 사이버상에서 음란물이 무분별하게 유포될 우려가 있으며 유포 시 삭제하기 어렵기 때문이다.

5. 판례

(1) 아동·청소년 음란 만화책을 스캔 후 업로드

종이로 된 아동·청소년 음란 만화책을 오프라인에서 불법 배포하면 일반 음란물로 취급해 음화 제조·반포죄가 적용되나, 이를 스캔해 온라인으로 유포하면 아동·청소년 이용 음란물 제작·배포죄가 적용된다.

회사원 A 씨는 일본 성인 만화 3편을 스캔하여 인터넷 사이트에 올렸다. A 씨는 결국 아동·청소년 이용 음란물 제작·배포 등 혐의로 기소됐다. 대법원은 '아동·청소년으로 인식될 수 있는 사람이나 표현물'의 판단 기준을 처음으로 제시했다. 애니메이션 등장인물의 외모, 신체 발육의 묘사, 상황 설정 등을 종합적으로 고려해 아동·청소년으로 '명백하게' 인식되면 아동·청소년 이용 음란물죄로 처벌할 수 있다고 보았다.

(2) N번방 사건

미성년자를 포함한 여성들을 대상으로 성 착취 영상물을 만들어 인터넷 메신저 텔레그램에 유포한 혐의 등을 받고 있는 조주빈은 아동·청소년의 성 보호에 관한 법률상 음란물 제작·배포 등 14개 혐의를 적용했다.

검찰은 조주빈을 구속 기소하면서

△ 청소년성보호법상 음란물 제작·배포, 아동 음행 강요, 강제 추행, 유사 성행위, 강간 미수 △ 성폭력 범죄의 처벌 등에 관한 특례법상 카메라 이용 촬영, 강제 추행 개인정보 보호법 위반 △ 강요, 강요 미수 △ 협박 △ 사기 △ 무고 등 총 14개의 혐의를 적용했다.

조주빈을 중심으로 박사방 관계자들의 성 착취 영상물 제작 및 유포를 목적으로 역할을 분담해 범죄를 저지른 것으로 보았고, 피해자 물색·유인, 성 착취물 제작·유포, 수익 인출 등으로 역할을 분담한 것으로 확인되었다.

N번방 사건을 통해 △ 성범죄자 신상 공개 대상 확대 △ 아동·성 착취 영상물 긴급 삭제 제도 도입이 논의되기 시작하였고, 아동·청소년 이용 음란물을 배포하거나 소지한 혐의로 벌금형이 선고된 사람도 신상 등록 대상에 등록하는 방안과 청소년성보호법 제49조를 개정해 신상 공개 범위를 아동·청소년 대상 성범죄 전체로 확대하자는 주장이 나왔다.

제6장

성범죄
재발 방지
제도

《 제1절 》
전자 발찌 제도

〈위치 추적 전자 발찌〉

위치추적 전자장치 세트

❶ 부착장치(일명 전자발찌)
성폭력 범죄자의 다리 등에 부착

- 무게: 약 150g
- 온도 조건: 영하 20℃~영상 50℃까지 정상가동
- 방수: 1.5m 수중에서 2시간 방수

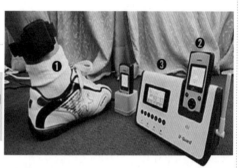

❷ 휴대용 추적장치
성폭력 범죄자가 휴대하는 장치, 위치 추척해 중앙관제센터로 송신하는 기능 수행

- 무게: 약 250g
- 온도 조건: 영하 20℃~영상 50℃까지 정상가동
- 방수: 1m 수중에서 30분 방수

❸ 재택감독장치
성폭력사범의 재택 여부를 감독하고 휴대용 추적장치의 충전 기능 수행

- 무게: 약 250g
- 온도 조건: 영하 20℃~영상 50℃까지 정상가동
- 방수: 생활 방수

출처: 법무부

1. 개념

전자 발찌electronic tagging는 위치 추적 전자 장치를 이용하여 발찌 착용자의 위치나 상태를 감시하는 장치로 범죄를 저지를 가능성이 높은 사람을 감시하기 위해 사용되며 특정 범죄자에게 전자 팔찌 또는 전자 발찌를 채우는 제도는 한국, 미국(44개 주), 영국 등 일부 국가에서 사용하고 있다.

한국에서는 '특정 성폭력 범죄자에 대한 위치 추적 전자 장치 부착에 관한 법률로, 성폭력 범죄자의 재범을 막기 위해 도입되었다.

전자 발찌는 부착 장치와 단말기(추적 장치), 재택 감독 장치로 구성되어 있어 성범죄자의 위치를 24시간 파악할 수 있다. 학교 등 성폭력이 발생하기 쉬운 곳은 성범죄자가 출입할 경우 중앙관제센터에 통보된다. 전자 발찌가 단말기와 멀어지거나 절단될 경우 중앙관제센터에 통보되고 관찰관이 출동하여 성범죄자의 위치를 추적한다.

2. 전자 발찌를 부착할 수 있는 성폭력 범죄

(1) 형법상 범죄

강간, 강제 추행, 준강간, 준강제 추행과 각 죄의 미수범과 강간 등 상해·치사, 강간 등 살인·치사, 미성년자 등에 대한 간음, 업무상 위력 등에 의한 간음, 미성년자에 대한 간음·추행 등과 함께 강도 강간도 포함하는데, 단, 혼인 빙자 등에 의한 간음은 전자 발찌 부착 대상에서 제외한다.

또한, 성폭력 범죄의 처벌 및 피해자 보호 등에 관한 법률상 특수 강간과 그 미수범, 청소년 성 보호에 관한 법률상 청소년 강간·강제 추행죄도 전자 발찌를 부착할 수 있는 범죄로 규정하고 있다.

⑵ 징역형을 마친 후 전자 발찌를 채울 수 있는 경우

성폭력 범죄로 징역형의 실형을 선고받은 자가 집행 종료 또는 면제 후 10년 이내에 성폭력 범죄를 저지른 때, 전자 발찌를 부착한 전력이 있는 자가 다시 성폭력 범죄를 저지른 때, 성폭력 범죄를 2회 이상 범해 상습성이 인정될 때(유죄의 확정 판결을 받은 경우를 포함한다.), 16세 미만 아동을 상대로 성폭력 범죄를 저지른 때이다.(초범이라 하더라도 재범 위험성이 있다고 판단되면 전자 발찌를 채울 수 있다.)

보호 감찰 기간에는 의무적으로 전자 발찌를 부착한다. 단, 만 19세 미만은 이 장치를 부착하지 못하며 4가지 경우에 해당하더라도 검사가 법원에 부착 명령을 청구해 허가를 받아야 한다.

3. 판례

전자 발찌에 대하여는 헌법재판소에서는 합헌으로 판단했다.

전자 장치 부착 명령의 근본적인 목적은 재범 방지와 사회 방위이다. '재범의 위험성'에 대해서 관련된 전문가들의 과학적인 사실 판단을 참고로 하여 법률가인 검사와 판사가 이를 결정하고 있다. 전자 장치 부착법상 전자 장치 부착 명령은 형벌과는 목적이나 심사 대상 등을 달리하는 보안 처분이다.

헌법 제13조 제1항에서 말하는 '처벌'은 원칙적으로 범죄에 대한 국가의 형벌권 실행으로서의 과벌을 의미하는 것이고, 국가가 행하는 일체의 제재나 불이익 처분을 모두 그 '처벌'에 포함시킬 수 없다는 것이 우리 재판소의 확립된 입장으로서, 형벌에 보호 감호나 보안 관찰 처분을 병과하거나 청소년의 성 매수자에 대해 형벌 이외에 신상 공개를 병과하는 경우 모두 이중 처벌 금지 원칙에 위배되지 않는다.

피부착자의 사생활의 비밀과 자유를 제한하며 개인정보 자기 결정권도 제한한다. 성폭력 범죄로부터 국민을 보호하고 성폭력 범죄자의 재범을 방지하고자 하는 입법 목적의 정당성이 인정된다. 전자 장치 부착 명령은 재범 방지에 매우 효과적인 것으로 확인되고 있으므로 수단의 적정성 또한 인정된다. 행동(신체 활동) 자체가 금지되거나 물리적으로 제한되는 것은 아니다. 전자 장치 부착에 따른 인권 침해를 최소화하기 위한 조치들을 마련하고 있다.

성폭력 범죄는 대부분 습벽에 의한 것이고 그 습벽은 단기간에 교정되지 않고 장기간 계속될 가능성이 크다는 점에서 일반적으로 부착 기간의 상한을 높게 확보해 둘 필요가 있다. 범죄 예방 효과의 측면에서 위치 추적을 통한 전자 감시 제도보다 덜 기본권을 제한하는 수단을 쉽게 마련하기 어렵다. 피부착자는 자신의 위치만이 국가에 노출될 뿐 자신의 행위가 국가에 노출되는 것은 아니다.

부착 장치의 부착 그 자체로 인해 피부착자가 겪게 될 움직임의 불편이나 이물감은 그다지 크지 않을 것이다. 성폭력 범죄는 '인격 살인'으로 불릴 만큼 피해자에게 회복할 수 없는 육체적, 정신적 상처를 남길 수 있다. 전자 장치 부착 조항이 보호하고자 하는 이익에 비해 재범의 위험성이 있는 성폭력 범죄자가 입는 불이익이 결코 크다고 할 수 없다.

전자 장치 부착 제도는 성폭력 범죄자의 신체에 전자 장치를 부착하는 것으로 재범 방지를 위하여 형기를 마친 뒤에 보호관찰을 통하여 지도하여 사회 복귀를 도모하고 특정 범죄로부터 국민을 보호함을 목적으로 한다.

4. 보호관찰부 집행 유예 관련 부착 명령

특정 범죄 사건에 대해 집행 유예를 선고할 때는 부착 명령을 기각하여야 하나 보호관찰을 명할 경우에는 예외이다. 법원은 특정 범죄를 범한 자에 대하여 형의 집행을 유예하면서 보호관찰을 받을 것을 명할 때에는 보호관찰 기간의 범위 내에서 기간을 정하여 준수 사항의 이행 여부 확인 등을 위하여 전자 장치를 부착할 것을 명할 수 있다.(동법 28조 1항)

현역 군인에 대한 집행 유예 선고 시 부착 명령을 할 수 없다. 현역 군인인 성폭력 범죄 피고인에게 집행 유예를 선고하는 경우, 보호관찰 등에 관한 법률 제56조가 규정한 군법 적용 대상자에 대한 특례 규정상 보호관찰을 받을 것을 명할 수 없다. 따라서 보호관찰의 부과를 전제로 한 위치 추적 전자 장치의 부착 명령 역시 명할 수 없다.

5. 준수 사항

| ① 위치추적 | ② 이동통신망 | ③ 중앙관제센터 | ④ 보호관찰소 |

성범죄자, 발목에 전자발찌 부착 후 외출 시 단말기 휴대, 발찌와 단말기 거리 1m 이상 떨어지거나 발찌 강제 절단시 경보음 발생.

경보음 발생시 이동통신망을 거쳐 관제센터에 경보 울림.

보호관찰소 및 보호관찰관에게 문자 메세지 전송

출처: 법무부

법원은 부착 명령을 선고하는 경우 부착 기간의 범위에서 준수 기간을 정하여 다음 각 호의 준수 사항 중 하나 이상을 부과할 수 있다.

① 야간 등 특정 시간대의 외출 제한

② 특정 지역·장소에의 출입 금지

③ 주거 지역의 제한

④ 피해자 등 특정인에의 접근 금지(500시간의 범위에서 그 기간을 정해야 함)

⑤ 특정 범죄 치료 프로그램의 이수

⑥ 그 밖에 부착 명령을 선고받는 사람의 재범 방지와 성행 교정을 위하여 필요한 사항

6. 부착 명령 집행

(1) 실형선고부 부착 명령

부착 명령은 특정 범죄 사건에 대한 형의 집행이 종료되거나 면제·가석방되는 날, 또는 치료 감호의 집행이 종료되는 날 피부착 명령자의 신체에 전자 장치를 보호관찰관이 부착함으로써 집행한다. 다만, 부착 명령의 원인이 된 특정 범죄 사건이 아닌 다른 범죄 사건으로 형이나 치료 감호의 집행이 계속될 경우에는 부착 명령의 원인이 된 특정 범죄 사건이 아닌 다른 범죄 사건에 대한 형의 집행이 종료되거나 면제·가석방되는 날, 또는 치료 감호의 집행이 종료·가종료되는 날부터 집행한다.(동법 13조 1항)

부착 명령의 집행은 신체의 완전성을 해하지 아니하는 범위 내에서 이루어져야 한다.(동조 2항) 부착 명령이 여러 개인 경우 확정된 순서에 따라 집행한다.(동조 3항) 다만 만 19세 미만의 자에 대하여 부착 명령을 선고한 때에는 19세에 이르기까지 이 법에 따른 전자 장치를 부착할 수 없다.(동법 4조)

여성과 범죄

(2) 보호관찰부 집행 유예 부착 명령(동법 29조)

보호관찰부 집행 유예 선고와 동시에 명하는 부착 명령은 전자 장치 부착을 명하는 법원의 판결이 확정된 때부터 집행한다.(1항) 부착 명령의 집행 중 보호관찰 준수 사항 위반으로 유치허가장의 집행을 받아 유치된 때에는 부착 명령 집행이 정지된다. 이 경우 검사가 보호관찰소의 장의 집행 유예 취소 신청을 기각한 날, 또는 법원이 검사의 집행 유예 취소 청구를 기각한 날부터 그 잔여 기간을 집행한다.(2항)

(3) 의무(동법14조)

전자 장치의 부착 기간 중 전자 장치를 신체에서 임의로 분리·손상, 전파 방해 또는 수신 자료의 변조, 그 밖의 방법으로 그 효용을 해하여서는 아니 된다.(1항)

① 전자 장치의 기능이 정상적으로 유지될 수 있도록 전자 장치를 충전, 휴대 또는 관리할 것

② 전자 장치가 정상적으로 작동하지 아니하는 경우 지체 없이 그 사실을 보호관찰관에게 알릴 것

③ 전자 장치의 기능 유지를 위한 보호관찰관의 정당한 지시에 따를 것

④ 피부착자는 특정 범죄 사건에 대한 형의 집행이 종료되거나 면제·가석방되는 날부터 10일 이내에 주거지를 관할하는 보호관찰소에 출석하여 서면으로 신고하여야 한다.(2항)

신상 정보 등록

성범죄자의 신상 정보를 등록하고 일정 기간 보존하여 범죄 예방 및 수사에 활용하는 제도로서 기본 신상 정보, 출입국 내역, 성범죄 전과 등도 등록하게 된다.

즉 법무부 장관은 그러한 등록 정보를 등록 대상 성범죄와 관련한 범죄 예방 및 수사에 활용하게 하기 위하여 검사 또는 각급 경찰관서의 장에게 배포할 수 있는데(성폭력 범죄의 처벌 등에 관한 특례법 제46조 제1항), 이러한 등록 정보의 배포 절차 및 관리 등에 관한 사항은 대통령령으로 정한다.(같은 조 제2항)

1. 신상 정보 등록 대상자

등록 대상 성범죄로 유죄 판결이나 약식 명령이 확정된 자, 또는 심신 상실자인 피공개 명령 청구자로서 공개 명령이 확정된 자는 신상 정보 등록 대상자(이하 '등록 대상자')가 된다.(성폭력 범죄의 처벌 등에 관한 특례법 제42조 제1항 본문)

- 강간과 추행의 죄 및 그 가중적 구성 요건

- 강도강간죄 및 그 가중적 구성 요건

- 성폭력 범죄의 처벌 등에 관한 특례법 위반죄
  다만, 성적 목적을 위한 공공장소 침입 행위, 통신 매체 이용 음란죄로
  '벌금형'을 선고받은 자는 제외한다.

- 아동·청소년의 성 보호에 관한 법률 위반죄
  다만, 청소년 이용 음란물을 배포·제공하거나 공연히 전시 또는 상영한
  자(같은 법 제11조 제3항)나 청소년 이용 음란물을 소지한 자(같은 조 제
  5항)로서 '벌금형'을 선고받은 자는 제외한다.

- 청소년 대상 성폭력 범죄만이 공개 명령 내지 고지 명령의 대상이다.

- 아동에게 음란한 행위를 시키거나 이를 매개하는 행위 또는 아동에게
  성적 수치심을 주는 성희롱 등의 성적 학대 행위(아동복지법 제17조 제2
  호의 죄)

2. 등록 절차

(1) 재판 절차에서의 고지 등 법원의 처리

법원은 등록 대상 성범죄로 유죄 판결을 선고하거나 약식 명령을 고지하는 경우에는 등록 대상자라는 사실과 후술하는 신상 정보 제출 의무가 있음을 등록 대상자에게 알려 주어야 한다.(성폭력 범죄의 처벌 등에 관한 특례법 제42조 제2항)

이러한 통지는 판결을 선고하는 때에는 구두 또는 서면으로 하고, 약식 명령을 고지하는 때에는 통지 사항이 기재된 서면을 송달하는 방법으로 한다.(같은 조 제3항)

법원은 위와 같은 판결이나 약식 명령이 확정된 날부터 14일 이내에 판결문(후술하듯이 법원이 등록 기간을 달리 정한 경우에는 그 사실을 포함한다.) 또는 약식 명령 등본을 법무부 장관에게 송달하여야 한다.(같은 조 제4항)

3. 신상 정보의 제출 의무

(1) 판결 확정 후의 제출

등록 대상자는 판결이 확정된 날부터 30일 이내에 기본 신상 정보를 자신의 주소지를 관할하는 경찰관서의 장에게 제출하여야 한다.(성폭력 범죄의 처벌 등에 관한 특례법 제43조 제1항 본문)

다만, 등록 대상자가 교정 시설 또는 치료 감호 시설에 수용된 경우에는 그 교정 시설의 장 또는 치료 감호 시설의 장에게 기본 신상 정보를 제출함으로써 이를 갈음할 수 있다.(같은 항 단서)

이를 위반하여 정당한 사유 없이 기본 신상 정보를 제출하지 아니하거나 거짓으로 제출한 자는 처벌을 받는다.(같은 법 제50조 제3항 제1호 전단. 양벌규정 있음. 같은 법 제51조)

기본 신상 정보는 다음과 같다.(같은 법 제43조 제1항 본문)

- 성명
- 주민등록번호
- 주소 및 실제 거주지
- 직업 및 직장 등의 소재지
- 연락처(전화번호, 전자 우편 주소를 말한다)
- 신체 정보(키와 몸무게)
- 소유 차량의 등록 번호

---

(2) 변경 정보의 제출

등록 대상자는 제출한 기본 신상 정보가 변경된 경우에는 그 사유와 변경 내용(이하 '변경 정보'라 한다)을 변경 사유가 발생한 날부터 20일 이내에 마찬가지 요령으로 제출하여야 한다.(성폭력 범죄의 처벌 등에 관한 특례법 제43조 제3항)

이는 후술하듯이 법무부 장관이 직권으로 기본 신상 정보를 등록한 경우에도 마찬가지이다.(같은 법 제44조 제6항)

이를 위반하여 정당한 사유 없이 변경 정보를 제출하지 아니하거나 거짓으로 제출한 자는 처벌을 받는다.(같은 법 제50조 제3항 제2호. 양벌규정 있음. 같은 법 제51조)

(3) 출입국 시 신고 의무 등

등록 대상자가 6개월 이상 국외에 체류하기 위하여 출국하는 경우에는 미리 관할 경찰관서의 장에게 체류 국가 및 체류 기간 등을 신고하여야 한다.(성폭력 범죄의 처벌 등에 관한 특례법 제43조의 2 제1항)

또한, 위와 같이 신고한 등록 대상자가 입국하였을 때에는 특별한 사정이 없으면 14일 이내에 관할 경찰관서의 장에게 입국 사실을 신고하여야 한다.(같은 조 제2항 전문)

출국에 따른 신고를 하지 아니하고 출국하여 6개월 이상 국외에 체류한 등록 대상자가 입국하였을 때에도 또한 같다.(같은 항 후문)

4. 등록 정보의 송달, 등록

(1) 등록 정보의 송달

관할 경찰관서의 장 또는 교정 시설 등의 장은 등록 대상자로부터 제출받은 기본 신상 정보 및 변경 정보와 사진을 촬영하여 저장·보관하는 전자 기록을 지체 없이 법무부 장관에게 송달하여야 한다.(성폭력 범죄의 처벌 등에 관한 특례법 제42조 제5항)

위와 같이 등록 대상자에 대한 기본 신상 정보를 송달할 때에 관할 경찰관서의 장은 등록 대상자에 대한 범죄 경력 자료[3]를 함께 송달하여야 한다.(같은 조 제6항)

또한, 관할 경찰관서의 장은 출입국에 다른 신고를 받았을 때에도 지체 없이 법무부 장관에게 해당 정보를 송달하여야 한다.(같은 법 제43조의 2 제3항)

기본 신상 정보 및 변경 정보의 송달, 등록에 관한 절차와 방법 등 필요한 사항, 출입국에 따른 신고와 해당 정보의 송달의 절차 및 방법 등에 관하여 필요한 사항은 대통령령으로 정한다.(같은 법 제42 조 제7항, 제43조의 2 제4항)

(2) 등록 정보의 등록 등

법무부 장관은 이상과 같이 송달받은 정보 외에도, 다음 각 호의 등록 대상자 정보를 등록하여야 한다.(성폭력 범죄의 처벌 등에 관한 특례법 제44조 제1항)

- 등록 대상 성범죄 경력 정보
- 성범죄 전과 사실(죄명, 횟수)
- 전자 발찌 부착 여부

법무부 장관은 이러한 등록에 필요한 정보의 조회(범죄 경력 조회 포함)를 관계 행정 기관의 장에게 요청할 수 있으며(같은 조 제3항),

이러한 요청을 받은 관계 행정 기관의 장은 지체 없이 조회 결과를 법무부 장관에게 송부하여야 한다.(같은 조 5항)

특히, 법무부 장관은 등록 대상자가 기본 신상 정보 또는 변경 정보를 정당한 사유 없이 제출하지 아니한 경우에는 신상 정보의 등록에 필요한 사항을 관계 행정 기관의 장에게 조회를 요청하여 등록할 수 있으며(같은 조 제4항 전문), 이러한 요청을 받은 관계 행정 기관의 장은 지체 없이 조회 결과를 법무부 장관에게 송부하여야 한다.(같은 조 5항)

이 경우 법무부 장관은 등록 일자를 밝혀 등록 대상자에게 신상 정보를 등록한 사실 및 등록한 신상 정보의 내용을 통지하여야 한다.(같은 항 후문)

법무부 장관은 등록 대상자가 위와 같이 등록한 정보를 정보통신망을 이용하여 열람할 수 있도록 하여야 한다. 다만, 등록 대상자가 신청하는 경우에는 등록한 정보를 등록 대상자에게 통지하여야 한다.(같은 조 제2항)

등록 정보의 열람, 통지 신청 및 통지의 방법과 절차 등에 필요한 사항은 대통령령으로 정한다.(같은 조 제7항)

(3) 등록 정보의 관리

법무부 장관은 기본 신상 정보를 최초로 등록한 날('최초 등록일')부터 후술하는 등록 기간 동안 등록 정보를 보존·관리하여야 한다.(성폭력 범죄의 처벌 등에 관한 특례법 제45조 제1항)

법무부 장관은 등록 당시 등록 대상자가 교정 시설 또는 치료 감호 시설에 수용 중인 경우에는 등록 대상자가 석방된 후 지체 없이 등록 정보를 등록 대상자의 관할 경찰관서의 장에게 송부하여야 한다.(같은 조 제6항)

관할 경찰관서의 장은 등록 기간 중 다음 각 호의 구분에 따른 기간마다 등록 대상자와의 직접 대면 등의 방법으로 등록 정보의 진위와 변경 여부를 확인하여 그 결과를 법무부 장관에게 송부하여야 한다.(같은 조 제7항)

법정 등록 기간이 30년인 등록 대상자: 3개월

법정 등록 기간이 20년 또는 15년인 등록 대상자: 6개월

법정 등록 기간이 10년인 등록 대상자: 1년

5. 신상 정보의 제출 의무

등록 대상자는 위 판결이 확정된 날부터 30일 이내에 다음 각 호의 신상 정보를 자신의 주소지를 관할하는 경찰관서의 장(이하 관할 경찰관서의 장)에게 제출하여야 한다. 다만, 등록 대상자가 교정 시설 또는 치료 감호 시설에 수용된 경우에는 그 교정 시설의 장 또는 치료 감호 시설의 장에게 신상 정보를 제출함으로써 이를 갈음할 수 있다.

- 성명, 주민등록번호, 주소 및 실제 거주지
- 직업 및 직장 등의 소재지, 연락처, 신체 정보(키와 몸무게)
- 소유 차량의 등록 번호

신상 정보 공개·고지

- 신상 정보 공개·고지 제도는 성범죄자들 중 재범 우려가 있어 법원에서 신상 정보 공개·고지 명령을 선고받은 이들의 얼굴과 실명, 주소 등의 신상 정보를 인터넷 사이트인 '성범죄자 알림-e'를 통해 최장 10년 동안 공개하고 있다.

- 또한 인터넷을 통한 신상 정보 공개와는 별도로 신상 공개 대상자의 정보를 고지 대상자가 거주하는 읍·면·동의 지역 주민에게 고지하도록 명령할 수 있다.

1. 등록 정보의 공개

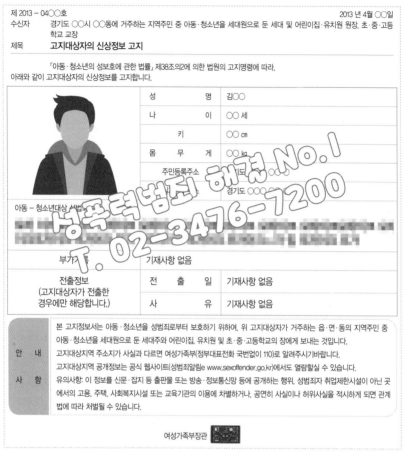

제 2013 – 04○○호		2013 년 4월 ○○일
수신자	경기도 ○○시 ○○동에 거주하는 지역주민 중 아동·청소년을 세대원으로 둔 세대 및 어린이집·유치원 원장, 초·중·고등학교 교장	
제목	**고지대상자의 신상정보 고지**	

「아동·청소년의 성보호에 관한 법률」제38조의2에 의한 법원의 고지명령에 따라, 아래와 같이 고지대상자의 신상정보를 고지합니다.

성 명	김○○
나 이	○○ 세
키	○○ cm
몸 무 게	○○ kg
주민등록주소	경기도 ○○○○○○

아동 – 청소년대상 성범죄...

부가...	기재사항 없음
전출정보 (고지대상자가 전출한 경우에만 해당합니다.)	전 출 일	기재사항 없음
	사 유	기재사항 없음

안내사항

본 고지정보서는 아동·청소년을 성범죄로부터 보호하기 위하여, 위 고지대상자가 거주하는 읍·면·동의 지역주민 중 아동·청소년을 세대원으로 둔 세대주와 어린이집, 유치원 및 초·중·고등학교의 장에게 보내는 것입니다.

고지대상지역 주소지가 사실과 다르면 여성가족부(정부대표전화 국번없이 110)로 알려주시기바랍니다.

고지대상지역 공개정보는 공식 웹사이트(성범죄알림e www.sexoffender.go.kr)에서도 열람할실 수 있습니다.

유의사항: 이 정보를 신문·잡지 등 출판물 또는 방송·정보통신망 등에 공개하는 행위, 성범죄자 취업제한시설이 아닌 곳에서의 고용, 주택, 사회복지시설 또는 교육기관의 이용에 차별하거나, 공연히 사실이나 허위사실을 적시하게 되면 관계 법에 따라 처벌될 수 있습니다.

여성가족부장관

출처: 여가부

등록 정보의 공개는 여성가족부 장관이 집행한다. 법무부 장관은 등록 정보의 공개에 필요한 정보를 여성가족부 장관에게 송부하여야 한다.

(1) 공개 대상 범죄(아청법 49조 1항 본문)

① 아동·청소년 대상 성폭력 범죄를 저지른 자

② 13세 미만의 아동·청소년을 대상으로 아동·청소년 대상 성범죄를 저지른 자로서 13세 미만의 아동·청소년을 대상으로 아동·청소년 대상 성범죄를 다시 범할 위험성이 있다고 인정되는 자

③ 위의 죄를 범하였으나 심신 상실로 처벌할 수 없는 자로서 그 죄를 다시 범할 위험성이 있다고 인정되는 자

(2) 비공개의 예(아청법 49조 1항 단서)

피고인이 아동·청소년인 경우에는 신상 정보를 공개하지 아니한다. 피고인이 아동·청소년인 경우에는 아직 인격적으로 완성되지 않은 단계라 신상 정보 공개를 할 경우 받는 당사자의 충격이 성범죄 예방으로 얻어지는 사회적 이익보다 중하다고 보아 신상 정보 공개를 하지 않는 것이다.

판례는 아동, 청소년인지 여부에 관한 판단 시점을 사실심 선고 시까지로 보고 있어 항소심 선고 시에 아동·청소년이 아니라면 신상 정보를 공개할 수 있다.

(3) 공개하는 등록 정보(아청법 49조 3항)

① 성명: 한글과 한자로 표기하되 외국인인 경우 한글과 영문으로 표기한다.

② 나이: 주민등록표상의 나이. 다만, 외국인은 여권이나 외국인 등록증의 나이로 표기한다.

③ 주소 및 실제 거주지

④ 신체 정보: 키와 몸무게

⑤ 사진: 등록된 사진을 게재하는데 정면 상반신, 좌·우측 상반신 및 전신사진을 게재

⑥ 등록 대상 성범죄 요지: 판결 일자, 죄명, 선고 형량 및 해당 사건의 범죄 사실 요지를 표기하되, 피해자를 알 수 있는 내용은 표기하지 아니한다.

⑦ 성폭력 범죄 전과 사실: 등록 대상 사건의 확정판결일 이전에 유죄 판결이 확정된 성폭력 범죄의 죄명과 횟수를 표기한다.

⑧ 전자 장치 부착 여부: 전자 장치 부착 여부와 그 부착 기간을 표기한다.

(4) 등록 정보 열람(21조)

www.sexoffencler.go.kr를 이용하여 성범죄자들에 대한 공개 정보를 열람할 수 있다. 열람하려는 사람은 성명과 주민등록번호를 입력하거나 공인 인증서가 필요하다.

2. 등록 정보의 고지

(1) 법 규정(성폭법 49)

등록 정보의 고지에 관하여는 아청법 제50조 및 제51조를 적용한다.(1항)

등록 정보의 고지는 여성가족부 장관이 집행한다.

법무부 장관은 등록 정보의 고지에 필요한 정보를 여성가족부 장관에게 송부하여야 한다.(3항)

(2) 법원의 등록 정보 고지 선고(아청법 50조 1항)

법원은 공개 대상자 중 다음 각 호의 어느 하나에 해당하는 자에 대하여 판결로 공개 명령 기간 동안 등록 대상 성범죄 사건의 판결과 동시에 선고하여야 한다. 다만, 피고인이 아동·청소년인 경우, 그 밖에 신상 정보를 고지하여서는 아니 될 특별한 사정이 있다고 판단하는 경우에는 그러하지 아니한다.

공개 대상 범죄 중 13세 미만의 아동·청소년을 대상으로 아동·청소년 대상 성범죄를 저지른 자로서 13세 미만의 아동·청소년을 대상으로 아동·청소년 대상 성범죄를 다시 범할 위험성이 있다고 인정되는 자를 제외한다.

① 아동·청소년 대상 성폭력 범죄를 저지른 자

② 성폭법 제2조 제1항 제3호·제4호, 같은 조 제2항

③ 제3조부터 제15조까지의 범죄를 저지른 자

위의 죄를 범하였으나 심신 상실로 처벌할 수 없는 자로서 그 죄를 다시 범할 위험성이 있다고 인정되는 자

여성과 범죄

(3) 고지 명령 기간(아청법 50조 3항)

고지 명령은 다음 각 호의 기간 내에 하여야 한다.

① 집행 유예를 선고받은 고지 대상자는 신상 정보 최초 등록일부터 1개월 이내

② 금고 이상의 실형을 선고받은 고지 대상자는 출소 후 거주할 지역에 전입한 날부터 1개월 이내

③ 고지 대상자가 다른 지역으로 전출하는 경우에는 변경 정보 등록일부터 1개월 이내

(4) 고지 정보(아청법 50조 4항)

① 고지 대상자가 이미 거주하고 있거나 전입하는 경우에는 공개 정보, 다만, 주소 및 실제 거주지는 상세 주소를 포함한다.

② 고지 대상자가 전출하는 경우에는 고지 정보와 그 대상자의 전출 정보

아동·청소년 관련 기관 등에의 취업 제한

1. 취업 제한

아동·청소년 대상 성범죄 또는 성인 대상 성범죄로 형 또는 치료 감호를 선고받아 확정된 자는 그 형 또는 치료 감호의 전부 또는 일부 집행을 종료하거나 집행이 유예·면제된 날로부터 10년 동안 가정을 방문하여 아동·청소년에게 직접 교육 서비스를 제공하는 업무에 종사할 수 없으며 다음 각 호에 따른 시설·기관 또는 사업장을 운영하거나 아동·청소년 관련 기관 등에 취업 또는 사실상 노무를 제공할 수 없다.

① 유아교육법 제2조 제2호의 유치원

② 초·중등교육법 제2조의 학교

③ 학원의 설립·운영 및 과외 교습에 관한 법률 제2조 제1호의 학원, 같은 조 제2호의 교습소 및 같은 조 제3호의 개인 과외 교습자

④ 청소년보호법 제35조의 청소년 보호·재활 센터

⑤ 청소년활동진흥법 제2조 제2호의 청소년 활동 시설

⑥ 청소년복지지원법 제29조 제1항에 따른 청소년 상담 복지 센터, 청소년 쉼터

⑦ 영유아보육법 제2조 제3호의 어린이집

⑧ 아동복지법 제3조 제10호의 아동복지시설

⑨ 성매매 방지 및 피해자 보호 등에 관한 법률 제5조 제1항 제2호의 청소년 지원 시설과 같은 법 제10조의 성매매 피해 상담소

⑩ 주택법 제2조 제2호의 공동 주택의 관리사무소

⑪ 체육 시설의 설치·이용에 관한 법률에 따라 설립된 체육 시설 중 아동·청소년의 이용이 제한되지 아니하는 체육 시설로서 문화체육관광부 장관이 지정하는 체육 시설

⑫ 의료법 제3조의 의료기관(의료법 제2조의 의료인에 한함)

⑬ 게임산업진흥에 관한 법률에 따른 다음의 영업을 하는 사업장 게임산업진흥에 관한 법률 제2조 제7호의 인터넷컴퓨터게임시설제공업, 게임산업진흥에 관한 법률 제2조 제8호의 복합유통게임제공업

⑭ 경비업법 제2조 제1호의 경비업을 행하는 법인

⑮ 영리 목적으로 청소년기본법 제3조 제3호의 청소년 활동의 기획·주관·운영을 하는 사업장

⑯ 영리의 목적으로 연기, 무용, 연주, 가창, 낭독, 그 밖의 예능과 관련한 용역을 제공하는 자, 또는 제공하려는 의사를 가진 자를 위하여 훈련·지도 또는 상담을 하는 사업장

⑰ 아동·청소년의 고용 또는 출입이 허용되는 다음 각 목의 어느 하나에 해당하는 기관·시설 또는 사업장(이하 이 호에서 시설 등)으로서 대통령령으로 정하는 유형의 시설 등 아동·청소년과 해당 시설 등의 운영자·근로자 또는 사실상 노무 제공자 사이에 업무상 또는 사실상 위력 관계가 존재하거나 존재할 개연성이 있는 시설 등

⑱ 아동·청소년이 선호하거나 자주 출입하는 시설 등으로서 해당 시설 등의 운영 과정에서 운영자·근로자 또는 사실상 노무 제공자에 의한 아동·청소년 대상 성범죄의 발생이 우려되는 시설 등

2. 수강 명령·성폭력 치료 프로그램의 이수 명령 제도, 보호관찰

법원이 성폭력 범죄를 범한 사람에 대하여 형의 선고를 유예하는 경우에는 1년 동안 보호관찰을 받을 것을 명할 수 있다. 다만, 성폭력 범죄를 범한 소년법 제2조에 따른 소년에 대하여 형의 **선고를 유예하는 경우에는 반드시 보호관찰**을 명하여야 한다.

〈위치추적 전담조직 및 현황〉

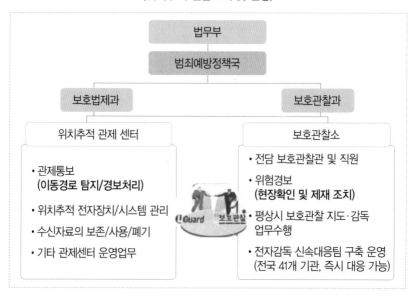

3. 성범죄 경력 조회

아동·청소년 관련 기관 등의 장은 그 기관에 취업 중이거나 사실상 노무를 제공 중인 자, 또는 취업하려 하거나 사실상 노무를 제공하려는 자에 대하여 성범죄의 경력을 확인하여야 한다. 이 경우 본인의 동의를 받아 관계 기관의 장에게 성범죄의 경력 조회를 요청하여야 한다. 아동·청소년 관련 기관 등의 장은 **경찰관서의 장에게 요청**하여야 한다.

이 경우 경찰관서가 운영하는 정보통신망을 이용하여 요청할 수 있다. 아동·청소년 관련 기관 등의 장은 성범죄의 경력 조회를 요청하는 경우 취업 중이거나 사실상 노무를 제공 중인 사람(취업자) 또는 취업하려 하거나 사실상 노무를 제공하려는 사람(취업 예정자)의 동의서를 함께 제출하거나 **경찰관서가 운영하는 정보통신망에 취업자나 취업 예정자가 동의 여부를 표시**하도록 하여야 한다.

성범죄의 경력 조회를 요청받은 경찰관서의 장은 취업자 또는 취업 예정자가 취업이 제한되는 사람인지 여부만을 확인하여 아동·청소년 관련 기관 등의 장에게 회신하여야 한다. 이 경우 경찰관서가 운영하는 정보통신망을 이용하여 회신할 수 있다.

성범죄의 경력 조회를 요청받은 경찰관서의 장은 취업자 또는 취업 예정자가 취업이 제한되는 사람인지 여부만을 확인하여 아동·청소년 관련 기관 등의 장에게 회신하여야 한다. 이 경우 경찰관서가 운영하는 정보통신망을 이용하여 회신할 수 있다.

4. 법원의 유죄 판결 선고 시

법원이 성폭력 범죄를 범한 자에 대하여 유죄 판결(선고 유예 제외)을 선고하는 경우에는 500시간의 범위에서 재범 예방에 필요한 수강 명령 또는 성폭력 치료 프로그램의 이수 명령(이하 이수 명령)을 병과하여야 한다. 다만, 수강 명령 또는 이수 명령을 부과할 수 없는 특별한 사정이 있는 경우에는 그러하지 아니하다.(2항)

성폭력 범죄를 범한 자에 대하여 위 수강 명령은 형의 집행을 유예할 경우에 그 집행 유예 기간 내에서 병과하고, 이수 명령은 벌금 이상의 형을 선고할 경우에 병과한다. 다만, 이수 명령은 성폭력 범죄자가 특정 범죄자에 대한 보호관찰 및 전자 장치 부착 등에 관한 법률 제9조의 2 제1항 제4호에 따른 특정 범죄 치료 프로그램의 이수 명령을 부과받은 경우에는 병과하지 아니한다.(3항)

법원이 성폭력 범죄를 범한 사람에 대하여 형의 집행을 유예하는 경우에는 수강 명령 외에 그 집행 유예 기간 내에서 보호관찰 또는 사회봉사 중 하나 이상의 처분을 병과할 수 있다.(4항)

수강 명령 또는 이수 명령은 형의 집행을 유예할 경우에는 그 집행 유예 기간 내에, 벌금형을 선고할 경우에는 형 확정일부터 6개월 이내에, 징역형 이상의 실형을 선고할 경우에는 형기 내에 각각 집행한다. 다만, 수강 명령 또는 이수 명령은 성폭력 범죄를 범한 사람이 아청법 제21조에 따른 수강 명령 또는 이수 명령을 부과받은 경우에는 병과하지 아니한다.(5항)

여성과 범죄

수강 명령 또는 이수 명령이 벌금형 또는 형의 집행 유예와 병과된 경우에는 보호관찰소의 장이 집행하고, 징역형 이상의 실형과 병과된 경우에는 교정 시설의 장이 집행한다. 다만, 징역형 이상의 실형과 병과된 이수 명령을 모두 이행하기 전에 석방 또는 가석방되거나 미결구금일수 산입 등의 사유로 형을 집행할 수 없게 된 경우에는 보호관찰소의 장이 남은 이수 명령을 집행한다.(6항)

5. 수강 명령(이수 명령)의 내용

일탈적 이상 행동의 진단·상담과 성에 대한 건전한 이해를 위한 교육을 실시한다. 그 밖에 성폭력 범죄를 범한 사람의 재범 예방을 위하여 필요한 사항을 교양한다.

6. 가석방의 경우

성폭력 범죄를 범한 사람으로서 형의 집행 중에 가석방된 사람은 가석방 기간 동안 보호관찰을 받는다. 다만, 가석방을 허가한 행정관청이 보호관찰을 할 필요가 없다고 인정한 경우에는 그러하지 아니한다.

화학적 거세 제도

〈화학적 거세 개념〉

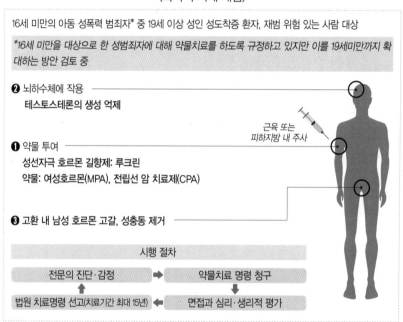

16세 미만의 아동 성폭력 범죄자* 중 19세 이상 성인 성도착증 환자, 재범 위험 있는 사람 대상

*16세 미만을 대상으로 한 성범죄자에 대해 약물치료를 하도록 규정하고 있지만 이를 19세미만까지 확대하는 방안 검토 중

❷ 뇌하수체에 작용
테스토스테론의 생성 억제

근육 또는
피하지방 내 주사

❶ 약물 투여
성선자극 호르몬 길항제: 루크린
약물: 여성호르몬(MPA), 전립선 암 치료제(CPA)

❸ 고환 내 남성 호르몬 고갈, 성충동 제거

시행 절차	
전문의 진단·감정	➡ 약물치료 명령 청구
법원 치료명령 선고(치료기간 최대 15년) ⬅	면접과 심리·생리적 평가

출처: 법무부

1. 개념

화학적 거세의 원리는 항남성호르몬제를 사용하는 방법으로 3달 주기로 주사를 맞는데 남성의 성 충동과 충동적인 성적 환상을 감퇴시키며,

성적 자극을 감소시킨다. 부작용으로 심혈관계 질환과 골다공증, 유방 비대증Gynecomastia을 일으켜 여성화 효과가 나타나기도 한다.

1944년경에 시작되었는데, 부적절한 성적 행동을 보이는 사람들에게 성적인 욕구를 감퇴시키기 위해 사용되었다. 하지만 미국 자유인권협회는 성범죄자를 대상으로 하는 강압적인 약물 투여로 여러 건강상의 문제를 야기한다고 보았다. 현재 미국, 유럽, 이스라엘, 아르헨티나, 러시아, 대한민국, 뉴질랜드에서 화학적 거세를 시행하고 있다.

2. 화학적 거세의 요건

(1) 성폭력 범죄자
① 아청법 제7조(아동·청소년에 대한 강간·강제 추행 등)의 죄
② 성폭법 제3조(특수 강도 강간 등)부터 제13조(통신 매체를 이용한 음란 행위)까지의 죄
③ 형법 제297조(강간), 제298조(강제 추행), 제299조(준강간, 준강제 추행), 제300조(미수범)
④ 제301조(강간 등 상해, 치상), 제301조의 2(강간 등 살인·치사), 제302조(미성년자 등에 대한 간음), 제303조(업무상 위력 등에 의한 간음)
⑤ 제305조(미성년자에 대한 간음 추행), 제339조(강도 강간) 및 제340조(해상 강도), 제3항(부녀를 강간한 죄만을 말함)의 죄

(2) 성도착증 환자

성도착증 환자란 소아성기호증, 성적가학증 등 성적 성벽이 있는 정신성적 장애인으로서 금고 이상의 형에 해당하는 성폭력 범죄를 지은 자 및 정신건강의학과 전문의의 감정에 의하여 성적 이상 습벽으로 인하여 자신의 행위를 스스로 통제할 수 없다고 판명된 사람을 말한다.(동법 2조 1호)

(3) 성폭력 범죄 재범 우려자

형 집행 종료 이후 신체에 영구적인 변화를 초래할 수도 있는 약물의 투여를 피청구자의 동의 없이 강제적으로 상당 기간 실시하게 된다는 점에서 헌법이 보장하고 있는 신체의 자유와 자기 결정권에 대한 가장 직접적이고 침해적인 처분에 해당한다고 볼 수 있다.

따라서 앞서 본 바와 같은 치료 명령의 내용 및 특성과 최소침해성의 원칙 등을 요건으로 하는 보안 처분의 성격 등에 비추어 장기간의 형 집행 및 그에 부수하여 전자 장치 부착 등의 처분이 예정된 사람에 대해서는 위 형 집행 및 처분에도 불구하고 재법익침해방지와 사회 복귀의 촉진 및 국민의 보호를 위한 추가적인 조치를 취할 필요성이 인정되는 불가피한 경우에 한하여 이를 부과함이 타당하다.(대법원, 2014)

(4) 19세 이상

가해자는 성별을 불문하고 19세 이상의 사람이어야 한다. 약물 치료의 경우 형 집행 종료 이후 신체에 영구적인 변화를 초래할 수도 있는 약물의 **투여를 피청구자의 동의 없이 강제적으로 상당 기간 실시하게 된다는 점에서 엄격하게 적용**해야 하는데, 19세 미만의 미성년의 경우 아직 사리 판단 능력이 미숙한 상태이므로 화학적 거세는 너무 가혹하다는 의견이다.

3. 집행 절차

(1) 검사의 청구

검사는 사람에 대하여 성폭력 범죄를 저지른 성도착증 환자로서 성폭력 범죄를 다시 범할 위험성이 있다고 인정되는 19세 이상의 사람에 대하여 약물 치료 명령을 법원에 청구할 수 있다.(동법 4조 1항) 검사는 치료 명령 청구 대상자에 대하여 정신건강의학과 전문의의 진단이나 감정을 받은 후 치료 명령을 청구하여야 한다.(동조 2항)

검사의 치료 명령의 청구는 공소가 제기되거나 치료 감호가 독립 청구된 성폭력 범죄 사건의 항소심 변론 종결 시까지 하여야 한다.(동조 3항) 피고 사건에 대하여 판결의 확정 없이 공소가 제기되거나 치료 감호가 독립 청구된 때부터 15년이 지나면 치료 명령을 청구할 수 없다.(동조 5항) 법원은 피고 사건의 심리 결과 치료 명령을 할 필요가 있다고 인정하는 때에는 검사에게 치료 명령의 청구를 요구할 수 있다.(동조 4항)

(2) 피명령자의 준수 사항

① 주거지에 상주하고 생업에 종사할 것

② 범죄로 이어지기 쉬운 나쁜 습관을 버리고 선행을 하며 범죄를 저지를 염려가 있는 사람들과 교제하거나 어울리지 말 것

③ 보호관찰관의 지도·감독에 따르고 방문하면 응대할 것

④ 보호관찰관의 지시에 따라 성실히 약물 치료에 응할 것

⑤ 보호관찰관의 지시에 따라 정기적으로 호르몬 수치 검사를 받을 것

⑥ 보호관찰관의 지시에 따라 인지 행동 치료 등 심리 치료 프로그램을 성실히 이수할 것

⑦ 치료 기간 중 상쇄 약물의 투약 등의 방법으로 치료의 효과를 해하여서는 아니 됨

⑧ 형의 집행이 종료되거나 면제·가석방 또는 치료 감호의 집행이 종료·가종료 또는 치료 위탁되는 날부터 10일 이내에 주거지를 관할하는 보호관찰소에 출석하여 서면으로 신고해야 함

⑨ 주거 이전 또는 7일 이상의 국내 여행을 하거나 출국할 때에는 미리 보호관찰관의 허가를 받아야 함

(3) 치료 명령의 집행(동법 14조)

치료 명령은 의료법에 따른 의사의 진단과 처방에 의한 약물 투여, 정신보건법에 따른 정신보건 전문 요원 등 전문가에 의한 인지 행동 치료 등 심리 치료 프로그램의 실시 등의 방법으로 집행한다.(1항)

보호관찰관은 치료 명령을 받은 사람에게 치료 명령을 집행하기 전에 약물 치료의 효과, 부작용 및 약물 치료의 방법, 주기, 절차 등에 관하여 충분히 설명하여야 한다.(2항) 치료 명령을 받은 사람이 형의 집행이 종료되거나 면제·가석방 또는 치료 감호의 집행이 종료·가종료 또는 치료 위탁으로 석방되는 경우 보호관찰관은 석방되기 전 2개월 이내에 치료 명령을 받은 사람에게 치료 명령을 집행하여야 한다.(3항)

석방 후에도 주기적으로 약물 치료에 응해야 한다.

⑷ 치료 명령 집행의 종료

치료 명령은 치료 기간이 지난 때, 치료 명령과 함께 선고한 형이 사면되어 그 선고의 효력을 상실하게 된 때, 치료 명령이 가해제된 사람이 그 가해제가 취소됨이 없이 잔여 치료 기간을 지난 때에 그 집행이 종료된다.

⑸ 치료 명령의 시효

치료 명령을 받은 사람은 그 판결이 확정된 후 집행을 받지 아니하고 함께 선고된 피고 사건의 형의 시효 또는 치료 감호의 시효가 완성되면 그 집행이 면제된다.(1항) 치료 명령의 시효는 치료 명령을 받은 사람을 체포함으로써 중단된다.(2항)

제7장

가정 폭력

저는 오늘 꽃을 받았어요.
제 생일도 아니었고 다른 특별한 날도 아니었답니다.
지난밤 우리는 처음으로 말다툼을 했어요.
그가 던진 수많은 잔인한 말들에 저는 정말 가슴이 아팠어요.
하지만 지금 저는 그가 미안해하는 것도,
그리고 그가 한 말이 진심이 아니었다는 것도 알아요.
왜냐하면 그가 오늘 제게 꽃을 보냈거든요.

저는 오늘 꽃을 받았어요.
우리의 기념일도 아니었고 다른 특별한 날도 아니었답니다.
지난밤 그는 저를 벽으로 밀어붙이고 목을 조르기 시작했어요.
마치 악몽 같았어요. 현실이라고는 믿을 수 없었죠.
오늘 아침 깨어났을 때 제 몸은 온통 아프고 멍투성이였어요.
하지만 지금 저는 그가 틀림없이 미안해할 거라는 걸 알아요.
왜냐하면 그가 오늘 제게 꽃을 보냈거든요.

저는 오늘 꽃을 받았어요.
'어머니의 날'도 아니고 다른 특별한 날도 아니었답니다.
지난밤 그는 저를 또다시 때렸어요.
이제까지 어느 때보다 훨씬 심하게요.
만약에 그를 떠난다면, 저는 어떻게 될까요?
어떻게 제 아이들을 돌보나요? 돈은 어떻게 하고요?
저는 그가 무섭기도 하지만 그를 떠나기도 두려워요.
하지만 지금 저는 그가 틀림없이 미안해할 거라는 걸 알아요.
왜냐하면 그가 오늘 제게 꽃을 보냈거든요.

저는 오늘 꽃을 받았어요.
오늘은 아주 특별한 날이었답니다. 제 장례식 날이었거든요.
지난밤 그는 결국 저를 죽였습니다. 죽을 때까지 때려서요.
만약에 그를 떠날 만큼 용기와 힘을 냈다면,
저는 아마 오늘 꽃을 받지는 않았을 거예요.
– 폴레트 켈리
「저는 오늘 꽃을 받았어요: 피해 여성이 피해 여성에게 주는 편지」

가정 폭력 정의

가정 폭력 범죄의 처벌 등에 관한 특례법 제2조 제1호

- 부모, 배우자, 자식, 형제자매, 친척, 사실혼 관계에 있는 사람 등 가족 구성원을 대상으로 행해지는 신체적, 정신적, 또는 재산상의 피해를 수반하는 행위를 말한다. 가정 폭력죄에는 상해, 폭행, 유기, 학대, 아동 혹사, 체포, 감금, 협박, 명예 훼손, 주거 수색, 신체 수색, 강요, 공갈, 재물 손괴 및 아동 구걸 강요 등이 있다.

가정 폭력은 가출, 가정 파탄 및 폭력성 등으로 이어지고 성범죄자, 학교 폭력 가해자들이 주로 어린 시절 혹은 유년기에 가정 폭력 피해자인 것으로 나타난다. 어린 시절 부모로부터 받은 폭력을 학교와 사회에서 비행의 형태로 표출하고 또 다른 범죄로 이어지게 된다.

남편으로부터의 가정 폭력은 이혼으로 이어지고 경제력이 부족한 여성은 최악의 경우 범죄에 가담하여 경제적 문제를 해결하고자 한다. 또한 그 피해자인 자녀들도 가정에서 받은 스트레스와 정신적 상처 등을 가출, 비행을 통해 해소하고자 하다 보면 범행으로 이어지게 된다.

가정 폭력의 당사자는 전 배우자, 사실혼 관계인 사람, 입양 후 파양한 자녀, 이혼한 배우자의 부모, 배우자의 형제자매, 배우자의 양부모, 배우자의 혼인 외 자녀를 포함한다.

가정 폭력은 지속적, 일상적으로 피해자에게 신체적, 정신적 피해를 준다. 결국 가출과 가정 파탄으로 결론을 맺는다. 신고율도 낮지만 신고 이후에 고소를 취하하거나 용서를 해주고 가정을 유지하는 선택을 하는 경우가 많아서 가정 폭력은 계속된다.

가정 폭력의 종류

1. 신체적인 폭력

물리적인 힘을 사용하여 사람을 때리거나 도구를 이용하여 폭력을 행사하여 남의 몸을 직접 때리는 것, 물건을 집어 던져 공포심을 일으키거나 타인의 신체를 붙드는 것도 신체적 폭력의 예이다.

꼭 타인의 신체에 상해를 입히는 경우 외에 가재도구나 가구를 부수는 행위도 신체적 폭력에 해당한다. 대표적인 사례가 배우자 구타인데 상대방에 대한 배려가 부족하거나 부부관계가 원만하지 못한 경우는 구타가 발생한다. 피해자들은 수면 장애, 불안, 우울, 고립감, 낮은 자존감을 느끼게 된다.

2. 정서적인 학대

폭언, 무시, 모욕과 같은 언어적 폭력으로 남의 기분을 상하게 하는 것과 상대를 직접 때리지 않아도 때리려고 위협하거나 물건을 던지거나 부수는 것 역시 정서적인 학대에 포함한다. 또한 상대방을 고립시키거나 의심하는 것 역시 이에 해당한다.

신체적 폭력의 경우 대부분은 어떤 것이 신체적 폭력인지 알 수 있지만, 정서적인 학대가 정확히 어떠한 것인지는 가해자도 피해자도 알 수 없다.

경멸하는 말투, 능력이 없다고 비난하거나 큰 소리로 소리 지르며 비난하고, 언어폭력을 이용해 공격, 협박, 위협하거나 대화를 거부하고 비웃거나 희롱하는 행위, 무시하거나 업신여기는 말이 정서적 폭력에 해당한다.

3. 경제적인 폭력

생활비를 주지 않거나 동의 없이 임의로 재산을 처분하거나 생활비 지출을 일일이 보고하게 하는 것도 경제적 학대이다.

특히 가정 구성원의 소득, 재산, 임금을 가로채거나 임의로 사용하는 것, 재산에 관한 법률적 권리를 침해하는 것도 경제적 폭력의 예라 할 것이다.

가부장적 권위가 강하게 인정되는 한국 사회에서 가족에게 경제적 지원을 하지 않는 것으로 구성원의 자존감을 무너뜨리고 과도한 통제력을 행사할 수 있다.

4. 성폭력

가정 폭력의 최악의 상황이라고 여겨진다. 원하지 않는 성행위를 강요하거나 상대방의 몸을 동의 없이 만지고 애무하고 움켜쥐고 꼬집는 등의 행위가 이에 속한다. 2013년 이전까지는 남편의 성교 청구권을 인정하여 성폭력으로 처벌하지 않았던 반면, 대신 이 과정에서 이뤄지는 폭행, 협박을 별도로 기소하여 처벌하는 정도에 그쳤으나 대법원의 판결에 따라 이후에는 부부간 성폭력을 인정하고 있다.

5. 방임

신체의 장애, 정신적 장애, 노환 등의 이유로 식사를 스스로 해결할 수 없는 가족에게 식사를 주지 않거나 생명에 지장을 주는 상황에도 돌보지 않는 상황은 범죄가 된다. 예를 들어 시골에 계신 부모를 두고 상경한 자식이 부모의 안부를 수시로 확인하지 않아 부모가 굶어 죽었다면 자식에게는 존속에 대한 유기치사죄가 성립한다.

불결한 생활 환경에 장시간 놔두거나 아이들에게 교육을 시키지 않는 경우, 혹은 아파도 병원에 데려가지 않는 등 병을 치료하지 않는 행위가 방임에 해당한다.

6. 통제

부모가 자녀를 지나치게 통제해 친구들을 만나지 못하게 하거나 항상 행선지를 확인하고, 무시하거나 냉정하게 대하는 행동이다. 특히 이성과 대화를 하면 화를 내거나 외도를 의심하고 비난하는 것도 통제형 가정 폭력이다.

회사나 사회생활에서 받은 스트레스와 무시를 가족을 상대로 해소하는 형태도 심리적 가정 폭력이다. 특히 외도를 경험한 배우자의 경우 트라우마로 지속적인 의심을 가지게 되므로 심리 상담과 치료를 병행하지 않으면 신체적 폭력이나 이혼으로 결국 가정이 붕괴될 수 있다.

여성과 범죄

가정 폭력의 대응책

1. 상담

가정 폭력 상담소에서는 가정 폭력 상담, 가해자 교정 치료, 가정 폭력 예방 교육 등이 가능하다. 가정 폭력 상담소는 여성가족부에서 위탁 운영하는 여성긴급전화를 비롯해 경찰청 및 각종 단체 등에서 운영한다.

가정 폭력 상담은 피해자, 가해자, 배우자, 자녀, 부부 고민 상담, 알코올 중독 치료 등의 문제를 상담해준다.

- 여성긴급전화 국번 없이 1366
- 한국여성의전화 02-2263-6464
- 안전Dream 아동 여성 장애인 경찰지원센터 국번 없이 117
- 한국남성의전화 02-2653-9337
- 건강가정지원센터 1577-9337
- 한국가정법률상담소 1644-7077

2. 신고

누구든지 가정 폭력을 알게 된 경우에는 신고할 수 있으며, 교육 기관, 의료 기관, 보호 시설의 종사자는 그 직무를 수행하면서 가정 폭력 범죄를 알게 된 경우, 정당한 사유가 없으면 즉시 경찰(112)에 신고해야 한다.

3. 경찰의 현장 조치

가정 폭력 신고를 받고 출동한 경찰은 폭력 행위를 제지하고 가해자와 피해자를 분리한 후 피해자의 동의가 있는 경우 피해자를 가정 폭력 관련 상담소 또는 보호 시설로 인도한다.

폭력 행위의 재발 시 가해자의 접근 금지 등과 같은 임시 조치를 신청할 수 있음을 통보해야 하고, 피해자를 보호하기 위해 신고된 현장 또는 사건 조사를 위한 장소에 출입하여 조사하거나 질문을 할 수 있다.

경찰은 위의 응급조치에도 불구하고 가정 폭력 범죄가 재발될 우려가 있고 긴급하여 가해자의 접근 등을 금지시키는 법원의 임시 조치 결정을 받을 수 없을 때에는 직권으로 다음의 어느 하나에 해당하는 조치를 취할 수 있다.
아래의 긴급 임시 조치는 피해자 또는 그 법정 대리인이 직접 경찰에 신청할 수도 있다.

- 피해자 또는 가족 구성원의 주거 또는 점유하는 방실로부터의 퇴거 등 격리
- 피해자 또는 가족 구성원의 주거, 직장 등에서 100m 이내의 접근 금지
- 피해자 또는 가족 구성원에 대한 전기 통신을 이용한 접근 금지

4. 고소

가해자가 가족 구성원이기 때문에 고소가 어렵고 고소하더라도 처벌 불원이나 고소 취하, 진술 번복이 있을 수 있으며 증거 수집의 어려움이 있다. 또한 결과에 따라 가족이 형사 처벌을 받을 수 있기 때문에 경제적, 정신적 피해 또한 상당하다. 결국 가정이 파괴되는 결과를 초래하기 때문에 고소를 하는 경우 그 파장을 고려해야 한다.

가정 폭력으로 고소장이 접수될 경우 법원은 사건의 성질, 동기 및 결과, 가해자의 성행 등을 참작하여 '가정폭력범죄의 처벌 등에 관한 특례법'에 따라 보호 처분이 필요한 경우 가정 보호 사건으로 처리할 수 있다. 검사의 직권 또는 경찰의 신청에 의해 법원에 가해자의 접근 금지 등 임시 조치를 청구할 수 있다.

제8장

성범죄
수사

《 제1절 》
경찰 수사

1. 고소장 제출

[서식 예] 강간죄

고 　소 　장

고 소 인 ○ ○ ○
　○○시 ○○구 ○○동 ○○

피 고 소 인 △ △ △
　○○시 ○○구 ○○동 ○○

고 　소 　취 　지

피고소인은 고소인을 강간한 사실이 있습니다.

고 　소 　사 　실

피고소인은 ○○시 ○○구 ○○동 ○○번지에서 사는 자인데 20○○. ○. ○. ○○:○○경에 ○○시 ○
○구 ○○동 ○○번지 소재 고소인의 집에서 잠을 자고 있는 고소인을 폭행, 협박 하여 강제로 ○회 성
교를 하였습니다. 당시 고소인은 고소인의 방에서 깊은 잠에 빠져 있었는데 고소인의 방의 열린 창문을
통하여 침입한 피고소인이 갑자기 놀라 잠에서 깨어난 고소인의 입을 손으로 틀어막은 후 가만히 있지
않으면 죽여버리겠다고 협박하고 이에 반항하는 고소인의 목을 조르고 얼굴을 주먹으로 수회 강타한
후 강제로 자신의 성기를 고소인의 질내에 삽입하여 고소인을 강간한 것입니다. 위와 같은 사실을 들어
고소하오니 조사하여 엄벌하여 주시기 바랍니다.

소 　명 　방 　법

1. 진단서
2. 세부적인 자료는 추후 제출하겠음

20○○년 ○월 ○일

위 고 소 인 ○ ○ ○ (인)

192　　　　　　　　　　　　　　　　　　　　　　　　　　　　　　　여성과 범죄

2. 피해자 조사

경찰서 민원실에 고소장 접수 후 경찰서의 출석 요구에 의해 피해 진술을 받게 된다. 조사관은 허위 신고 등의 우려가 있으므로 증거, 참고인 등을 확보해 조사의 객관성을 유지해야 한다.

조사 시에는 피해자의 기억의 왜곡, 과장, 조사 시의 경찰과 언론에 의한 2차 피해 등을 우려해 조사하도록 한다. 고소장 제출 이후에는 경찰서에 출석하여 진술 조서를 작성하게 된다.

진술 시에는 성폭력 피해자 전담 조사관이 조사를 하게 된다. 피해자 전담 조사관이란 피해자 보호 전담 경찰관들은 범죄 피해자들을 법적으로 보호하기 위해 각 경찰관서에 지정되어 범죄 피해자의 VTS_{Victim Trauma Scale}라고 하는 트라우마 척도 측정을 통해 공황장애, 우울증, 대인기피증 등 2차적 피해를 방지하고 치료하기 위해 전문 심리 요원과 연계하여 심리적 지원을 하게 된다.

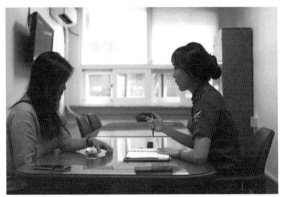

출처: 스마트 서울경찰(https://smartsmpa.tistory.com/4360)

수사 지원으로는 성인 피해자 진술 조사뿐만 아니라 아동, 장애인을 대상으로 특성화된 NICHD(아동보건 및 인간발달연구소) 면담 기법을 활용해 전문 경찰관에게 피해자 조사를 받는다.

3. 증거 확보

피해자의 머리부터 발끝까지 증거를 채취할 수 있는 응급 키트를 사용해 간호사가 증거를 채취하고 있고, 성병 검사와 산부인과, 정신과, 정형외과 등의 전문 진료를 받게 된다. 정신적, 심리적 지원으로는 심리적 트라우마를 경험한 피해자의 심리적 상태를 확인하기 위한 심리 평가를 하고 놀이와 미술을 활용한 심리 치료도 함께한다.

피해자는 몸에 증거가 남아 있을 경우 씻지 말고, 증거가 될 수 있는 속옷 등은 종이봉투에 담아 제출하고 피임약의 경우 72시간 안에 복용하는 것이 중요하다. 디지털 성범죄 피해의 경우 상담, 영상 삭제, 사후 모니터링 등 종합 서비스 지원을 받을 수 있는 '디지털성범죄통합지원센터'와 '한국사이버성폭력대응센터'가 운영되고 있으므로 경찰관에게 도움을 요청한다.

4. 피해자 진술 조서

<table>
<tr><td colspan="2" align="center">진 술 조 서</td></tr>
<tr><td>성   명:</td><td></td></tr>
<tr><td>주 민 등 록 번 호:</td><td></td></tr>
<tr><td>직   업:</td><td></td></tr>
<tr><td>주   거:</td><td>(전화:)</td></tr>
<tr><td>등 록 기 준 지:</td><td>(전화:)</td></tr>
<tr><td>직 장 주 소:</td><td></td></tr>
<tr><td>연   락   처:</td><td>(자택전화)   (휴대전화)</td></tr>
<tr><td></td><td>(직장전화)   (전자우편)</td></tr>
</table>

위의 사람은 피의자 ○○○에 대한 피의 사건에 관하여 **년 **월 **일 경찰서에 임의 출석하여 다음과 같이 진술한다.

(1) 피의자와의 관계

저는 피의자   과(와)   인 관계에 있습니다.(저는 피의자 과(와) 아무런 관계가 없습니다.)

(2) 피의 사실과의 관계

저는 피의 사실과 관련하여 (피해자, 목격자, 참고인)의 자격으로서 출석하였습니다.

이때 사법경찰관(리)은 진술인   를(을) 상대로 다음과 같이 문답한다.

> 문 : 사건 당시 상황을 이야기해 보세요.
>
> 답 : 2020년 7월 ＊＊시 ＊＊구 ＊＊공원을 걷고 있는데 뒤에 따라오던 40대 남성이 갑자기 목을 조르며…(생략)
>
> 문 : 강제력을 행사하였나요?
>
> 답 : 다리로 팔을 누르면서…(중략)

위와 같은 피해자 진술 조서 작성 후 피의자에 대한 조사가 이루어진다. 당시의 상황에 대한 정확한 진술과 목격자, 신뢰관계인의 동석이 성폭행 피해자 조사의 경우 함께 이루어지고, 국선변호인이나 진술조력인의 도움도 받을 수 있다.

앞에서 말한 경찰뿐만 아니라, 해바라기센터의 심리 상담, 법률구조공단의 원스톱 서비스도 피해 조사 시 도움을 받을 수 있는 방법이다.

여성과 범죄

《 제2절 》
원스톱 서비스

1. 원스톱 서비스 센터

원스톱 서비스는 폭력, 가정 폭력, 학교 폭력, 성매매 피해자 등에 대하여 피해자 조사, 상담, 의료 지원을 하는 시스템이다. 국선변호사를 위촉하는 등 피해자에게 상담, 의료 시설 제공, 수사 기관과 법정에의 참여, 구조금 신청과 법률 구조 안내, 취업 알선을 함께한다. 대한법률 구조공단에도 범죄 피해 신고 콜센터를 설치하고 상담 및 법률 자문을 한다. 성폭력 피해자, 성매매 피해자, 가정 폭력 피해자, 학교 폭력 피해 자가 성폭력 피해자 통합 지원 센터 지원 대상이다.

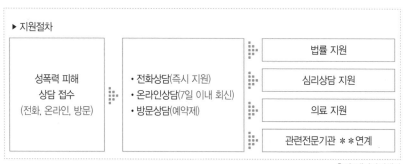

출처: 해바라기센터

여성, 학교 폭력 원스톱 지원 센터는 성폭력, 가정 폭력, 성매매 피해자 등에 대하여 365일 24시간 상담, 의료, 법률, 수사 등을 원스톱으로 지원 하고, 여성 경찰관이 상주하여 피해자 응급 지원과 수사 지원을 하고 있다.

해바라기아동센터는 성폭력 피해 아동, 청소년 및 지적 장애인에 대한 심리 평가 및 심층적 정신 치료 등을 통해 피해자의 건전한 성장 및 회복 지원 상담 및 심리 치료를 주로 한다.

해바라기여성아동센터는 원스톱 지원 센터와 해바라기아동센터가 통합된 통합 지원 센터로 성폭력, 가정 폭력, 성매매 피해자 등에 대하여 365일 24시간 상담, 의료, 법률, 수사 등 원스톱으로 지원한다.

2. 해바라기센터

여성가족부에 의해 2004년부터 전국 광역 자치 단체에 설립하였고, 주로 성폭력 피해 아동의 신체적·정신적 피해에 대한 종합 진료 체계를 구축하여 수사 증거 자료 확보 등을 위한 응급 처치, 소아정신과 의사·아동 심리학자 등 전문가 그룹에 의한 후유증 치료를 함께하고 있다.

성폭력 피해자의 정신적 피해 상담과 24시간 성폭력 신고 및 접수, 후유증 치료, 보호 환경 지원, 가해자 집단 치료, 재발 방지 프로그램 수행의 업무를 하고 있다. 지역 거점 대학 병원과 연계하여 치료를 병행한다. 해바라기센터의 기능을 원스톱 지원 센터와 통합하여 2010년에 '해바라기여성아동센터'로 발전시켰다.

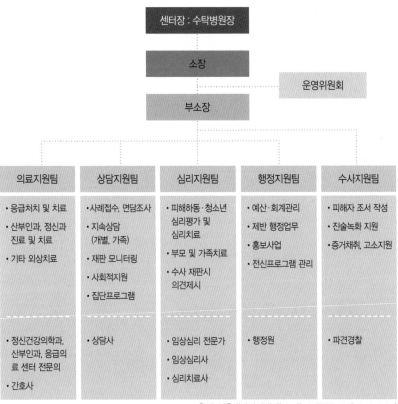

```
                    센터장 : 수탁병원장
                          │
                         소장 ──────────── 운영위원회
                          │
                        부소장
```

의료지원팀	상담지원팀	심리지원팀	행정지원팀	수사지원팀
• 응급처치 및 치료 • 산부인과, 정신과 진료 및 치료 • 기타 외상치료	• 사례접수, 면담조사 • 지속상담 (개별, 가족) • 재판 모니터링 • 사회적지원 • 집단프로그램	• 피해하동·청소년 심리평가 및 심리치료 • 부모 및 가족치료 • 수사 재판시 의견제시	• 예산·회계관리 • 제반 행정업무 • 홍보사업 • 전신프로그램 관리	• 피해자 조서 작성 • 진술녹화 지원 • 증거채취, 고소지원
• 정신건강의학과, 산부인과, 응급의료 센터 전문의 • 간호사	• 상담사	• 임상심리 전문가 • 임상심리사 • 심리치료사	• 행정원	• 파견경찰

출처: 서울해바라기센터(http://help0365.or.kr/sub_1_4.php)

(1) **지원 서비스**

1) 의료 지원

① 성폭력 피해자에 대한 신속한 증거 채취 및 응급 의료 지원

② 산부인과, 정신건강의학과, 응급의학과 등 병원 진료 지원

③ 성폭력 피해자에 대한 성병 등 추적 검사 실시

④ 센터를 통한 성폭력과 관련된 치료 비용은 여성가족부에서 무상 지원

2) 수사 및 법률 지원

전담 여성 경찰관이 365일 24시간 근무하면서 성폭력, 가정 폭력, 성매매 피해 사건의 상담 및 피해 조사 지원, 고소와 관련한 전화 및 방문 상담을 한다.

피해자 조사 및 진술 녹화 후 관할 경찰서 및 경찰청 광역 수사대로 수사 연계하여 가해자 검거와 피해자 증거 채취, 국립과학수사연구소에 감정 의뢰를 한다.

만약 성폭력 피해자가 19세 미만이거나 장애가 있는 경우에는 의무적으로 진술 내용과 조사 과정을 녹화하여 피해자가 진술을 위해 경찰서, 법원 등에 제출한다. 성폭력 피해 아동 및 지적 장애인의 진술 녹화 시엔 진술의 신빙성을 뒷받침하기 위해 아동 행동진술 분석 전문가가 관찰, 입회한 상태에서 조사를 한다.

3) 심리 평가
① 임상심리학적 평가: 성폭력 후유증 및 증상의 정도, 피해 사실 가능성과 진위 여부 추정, 진술 능력과 자기 표현력 평가 등
② 연령에 맞는 선별 검사: 피해 아동 및 정신 지체 장애인을 대상으로 투사 검사, 그림 검사, 지능 검사, 정서 검사, 행동 검사, 자기 보고식 검사 등
③ 보호자 심리 검사: 피해 아동 보호자 또는 가족을 대상으로 정신 건강 상태 검사, 우울증 검사, 다면적 인성 검사, 투사 검사 등

4) 심리 치료

피해자가 심리적인 어려움을 극복하도록 도와주는 보호자 상담 치료와 피해 후유증 치료를 실시한다. 피해자 모임을 통해 상처를 공감하며 대처, 적응 능력을 키우고 무력감, 우울, 불안, 죄의식 등 불안한 감정이 안정적인 집단 분위기 속에서 자연스럽게 표현 돼 심리적 안정, 긍정적인 생활을 유지하도록 한다.

피해자 보호 제도

〈종합보호체계〉

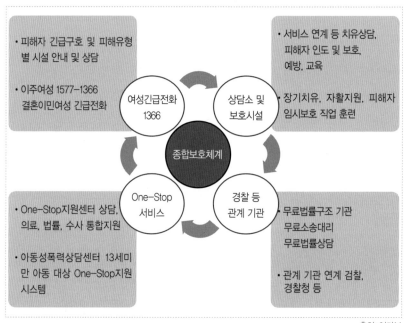

출처: 여가부

1. 수사상 보호 제도

법원 또는 수사 기관이 성폭력 범죄의 피해자, 성폭력 범죄를 신고한 사람을 증인으로 신문하거나 조사하는 경우에는 이로 인해 범죄 신고자 등을 고용하고 있는 자는 피고용자가 범죄 신고를 하였다고 해고 등 불이익을 주어서는 안 된다. 검사 또는 사법 경찰관은 범죄 신고 등과 관련하여 조서나 그 밖의 서류를 작성할 때 범죄 신고자 친족이 보복을 당할 우려가 있는 경우에는 그 취지를 조서에 기재하고 성명, 연령, 주소, 직업 등 신원을 알 수 있는 사항은 기재하지 아니한다.

검사 또는 사법 경찰관은 조서 등에 기재하지 아니한 인적 사항을 범죄 신고자 등 신원 관리 카드에 등재하여야 한다. 위와 같이 조서 등에 성명을 기재하지 아니하는 경우에는 범죄 신고자 등으로 하여금 조서 등에 서명은 가명으로, 간인 및 날인, 무인으로 하게 하여야 한다.

2. 법정에서 피해자 보호

① 증인 소환 및 신문의 특례 등 조서 등에 인적 사항을 기재하지 아니한 범죄 신고자 등을 증인으로 소환할 때에는 검사에게 소환장을 송달한다. (1항)

② 이 경우 재판장 또는 판사는 검사에게 신원 관리 카드가 작성되지 아니한 증인에 대한 신원 관리 카드의 작성 및 관리를 요청할 수 있다. (2항)

③ 이 경우 재판장 또는 판사는 증인의 인적 사항이 신원 확인, 증인 선서, 증언 등 증인 신문의 모든 과정에서 공개되지 아니하도록 하여야 한다. 이 경우 소환된 증인의 신원 확인은 검사가 제시하는 신원 관리 카드로 한다. (3항)

④ 공판 조서에 인적 사항을 기재하지 아니하는 경우 재판장 또는 판사는 범죄 신고자 등으로 하여 가명으로 서명·무인하게 하여야 한다.(4항)

⑤ 증인으로 소환된 범죄 신고자 등이나 그 친족 등이 보복을 당할 우려가 있는 경우에는 검사, 범죄 신고자 등 또는 그 법정 대리인은 법원에 피고인이나 방청인을 퇴정시키거나 공개 법정 외의 장소에서 증인 신문을 할 것을 신청할 수 있다.(5항)

재판장 또는 판사는 직권으로 일반적인 사건에서도 형사소송법 제297조에 피고인의 퇴정에 관한 규정이 있다. 재판장은 증인 또는 감정인이 피고인 또는 어떤 재정인의 면전에서 충분한 진술을 할 수 없다고 인정한 때에는 그를 퇴정하게 하고 진술하게 할 수 있다. 피고인이 다른 피고인의 면전에서 충분한 진술을 할 수 없다고 인정한 때에도 같다. 피고인을 퇴정하게 한 경우에 증인, 감정인 또는 공동 피고인의 진술이 종료한 때에는 퇴정한 피고인을 입정하게 한 후 법원 사무관으로 하여금 진술의 요지를 고지하게 한다.

⑥ 검사나 범죄 신고자 등의 신청이 상당한 이유가 있다고 인정할 때에는 피고인이나 방청인을 퇴정시키거나 공개 법정 외의 장소에서 증인 신문 등을 할 수 있다. 이 경우 변호인이 없을 때에는 국선변호인을 선임하여야 한다.(6항)

⑦ 비디오 등 중계 장치에 의한 증인 신문(성폭법 40조)

법원은 성폭력 범죄의 피해자를 증인으로 신문하는 경우 검사와 피고인 또는 변호인의 의견을 들어 비디오 등 중계 장치에 의한 중계를 통하여 신문할 수 있다.

3. 증거 보전(성폭법 41조)

피해자나 그 법정 대리인 또는 경찰은 피해자(19세 미만이거나 신체적인 또는 정신적인 장애로 사물을 변별하거나 의사를 결정할 능력이 미약한 경우)가 공판 기일에 출석하여 증언하는 것에 현저히 곤란한 사정이 있을 때에는 그 사유를 소명하여 피해자의 진술 내용과 조사 과정이 촬영된 영상물 또는 그 밖의 다른 증거에 대하여 해당 성폭력 범죄를 수사하는 검사에게 증거 보전 청구를 요청할 수 있다.

4. 신변 안전 조치

범죄 신고자, 친족이 보복을 당할 우려가 있는 경우에는 일정 기간 해당 검찰청 또는 경찰서 소속 공무원이 신변 안전을 위하여 필요한 조치를 하거나 대상자의 주거지 또는 현재지를 관할하는 경찰서장에게 신변 안전 조치를 요청할 수 있다.

요청을 받은 경찰서장은 특별한 사유가 없으면 즉시 신변 안전 조치를 하여야 한다.(1항) 재판장 또는 판사는 공판 준비 또는 공판 진행 과정에서 검사에게 이에 따른 조치를 하도록 요청할 수 있다.(2항) 범죄 신고자 등 그 법정 대리인 또는 친족 등은 재판장·검사 또는 주거지나 현재지를 관할하는 경찰서장에게 위와 같은 신변 안전 조치를 하여 줄 것을 신청할 수 있다.(3항)

5. 영상물의 촬영·보존 등

성폭력 범죄의 피해자가 19세 미만이거나 신체적인 또는 정신적인 장애로 사물을 변별하거나 의사를 결정할 능력이 미약한 경우에는 피해자의 진술 내용과 조사 과정을 비디오 녹화 기능 등 영상물 녹화 장치로 촬영·보존하여야 한다.(1항)

영상물 녹화는 피해자 또는 법정 대리인이 이를 원하지 아니하는 의사를 표시한 경우에는 촬영을 하여서는 아니 된다. 다만, 가해자가 친권자 중 일방인 경우는 그러하지 아니하다.(2항) 영상물 녹화는 조사의 개시부터 종료까지의 전 과정 및 객관적 정황을 녹화하여야 하고, 녹화가 완료된 때에는 지체 없이 그 원본을 피해자 또는 변호사 앞에서 봉인하고 피해자로 하여금 기명 날인 또는 서명하게 하여야 한다.(3항)

검사 또는 사법 경찰관은 피해자가 녹화 장소에 도착한 시각, 녹화를 시작하고 마친 시각, 그 밖에 녹화 과정의 진행 경과를 확인하기 위하여 필요한 사항을 조서 또는 별도의 서면에 기록한 후 수사 기록에 편철하여야 한다.(4항) 검사 또는 사법 경찰관은 피해자 또는 법정 대리인이 신청하는 경우에는 영상물 촬영 과정에서 작성한 조서의 사본을 신청인에게 발급하거나 영상물을 재생하여 시청하게 하여야 한다.(5항)

촬영한 영상물에 수록된 피해자의 진술은 공판 준비 기일 또는 공판 기일에 피해자나 조사 과정에 동석하였던 신뢰 관계에 있는 사람 또는 진술조력인의 진술에 의하여 그 성립의 진정함이 인정된 경우에 증거로 할 수 있다.(6항)

6. 진술조력인 제도

(1) 진술조력인(성폭법 36조)

진술조력인은 성폭력 범죄 또는 아동 학대 범죄 피해를 입은 아동과 장애인이 경찰이나 검찰에서 조사를 받거나 법정에서 증언할 때 의사소통을 도와주는 전문가이다.

검사 또는 사법 경찰관은 성폭력 범죄의 피해자가 **13세 미만의 아동**이거나 신체적인 또는 정신적인 장애로 의사소통이나 의사 표현에 어려움이 있는 경우 원활한 조사를 위하여 직권이나 피해자, 그 법정 대리인 또는 변호사의 신청에 따라 진술조력인으로 하여금 조사 과정에 참여하여 의사소통을 중개하거나 보조하게 할 수 있다.

다만, 피해자 또는 그 법정 대리인이 이를 원하지 아니하는 의사를 표시한 경우에는 그러하지 아니하다.(1항) 검사 또는 사법 경찰관은 피해자를 조사하기 전에 피해자, 법정 대리인 또는 변호사에게 진술조력인에 의한 의사소통 중개나 보조를 신청할 수 있음을 고지하여야 한다.(2항) 진술조력인은 조사 전에 피해자를 면담하여 진술조력인의 조력 필요성에 관하여 평가한 의견을 수사 기관에 제출할 수 있다.(3항)

조사 과정에 참여한 진술조력인은 피해자의 의사소통이나 표현 능력, 특성 등에 관한 의견을 수사 기관이나 법원에 제출할 수 있다.(4항)

(2) 지원 내용

① 피해자 사전 평가: 진술조력인은 조사 또는 증언 전 피해자와 면담을 거쳐 피해자의 심리 상태, 의사소통 능력 등을 파악하는 역할을 수행한다.

② 조사 또는 증언 방법 논의: 수사 기관 또는 법원에 피해자의 심리 상태, 의사소통 능력 등에 대하여 전달하여 피해자의 수준에 맞는 질문을 한다.

③ 의사소통 중개: 진술조력인은 조사 또는 증언 시 피해자의 옆에서 피해자가 심리적 안정감을 가지고 편안하게 진술할 수 있도록 피해자가 질문 내용을 이해하지 못하거나 진술하는 데 어려움이 있을 경우에는 피해자가 쉽게 질문을 이해하고 진술할 수 있도록 진술조력인이 옆에서 의사소통을 중개·보조하는 역할을 한다.

④ 진술조력인 보고서 제출: 조사 또는 증인 신문에 참여한 진술조력인은 피해자의 의사소통이나 표현 능력, 특성 등에 관한 의견을 수사 기관이나 법원에 제출할 수 있다.

(3) 지원 대상

성폭력 범죄 또는 아동 학대 범죄의 피해자가 만 13세 미만의 아동이거나 의사소통이 어려운 장애인인 경우

⑷ 진술조력인의 선정

수사 기관 또는 법원에 구두나 서면으로 진술조력인 선정을 신청하면 진술조력인을 선정하고 피해자의 특성, 심리 상태, 장애 등을 미리 알려주면 피해자에게 보다 더 적합한 전문성을 갖춘 진술조력인을 선정하는 데 참고할 수 있다.

피해자 본인, 피해자의 법정 대리인 또는 변호사가 경찰서, 검찰청 등 수사 기관이나 법원에 구두 또는 서면 신청한다.

※ 수사 기관 또는 법원이 피해자에게 진술조력인이 필요하다고 판단하는 경우 직권으로 선정 가능

⑸ 진술조력인의 재판 과정 참여(성폭법 37조)

법원은 성폭력 범죄의 피해자가 13세 미만 아동이거나 신체적인 또는 정신적인 장애로 의사소통이나 의사 표현에 어려움이 있는 경우 원활한 증인 신문을 위하여 직권 또는 검사, 피해자, 그 법정 대리인 및 변호사의 신청에 의한 결정으로 진술조력인으로 하여금 증인 신문에 참여하여 중개하거나 보조하게 할 수 있다.(1항) 법원은 신문 전에 피해자, 법정 대리인 및 변호사에게 진술조력인에 의한 의사소통 중개나 보조를 신청할 수 있음을 고지하여야 한다.(2항)

7. 민사상 손해 배상 청구

성범죄는 불법 행위의 일종으로 손해 배상 청구가 가능하다. 만약 가해자가 미성년자인 경우에는 가해자의 부모를 상대로 **불법 행위 책임**을 물어 소송을 제기할 수도 있다. 이 경우 미성년자 감독 의무자의 의무 위반과 상당인과관계가 있으면 감독 의무자는 일반 불법 행위자로서 손해 배상 책임을 함께 진다. 다만 이 경우에는 그러한 감독 의무 위반 사실 및 손해 발생과의 상당인과관계의 존재는 이를 주장하는 자, 즉 **성범죄 피해자 측에서 증명**하여야 한다.(대법원 전원합의체 판결)

한편 민사상 불법 행위로 인한 손해 배상의 청구는 피해자나 그 법정 대리인이 그 **손해 및 가해자를 안 날로부터 3년간, 불법 행위를 한 날로부터 10년 동안** 이를 행사하지 아니하면 시효로 인하여 소멸한다.(민법 766조)

《 제4절 》
과학적 증거

1. 디지털 포렌직

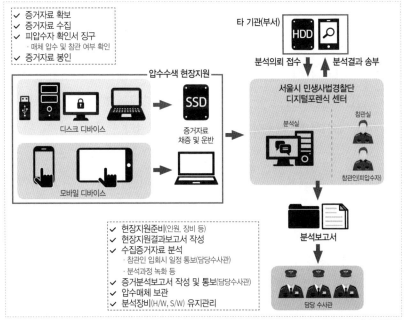

출처: 경찰청

(1) 디지털 증거

"디지털 데이터"란 전자적 방법으로 저장되어 있거나 네트워크 및 유·무선 통신 등을 통해 전송 중인 정보를 말하고 "디지털 저장매체" 란 컴퓨터용 디스크, 그 밖에 이와 비슷한 정보저장매체를 말한다.

"디지털 증거분석 의뢰물(이하 "분석의뢰물"이라 한다)"이란 범죄사실을 규명하기 위해 디지털 증거분석관에게 분석의뢰된 디지털 데이터, 복제본 또는 디지털 저장매체를 말한다.

(2) 디지털 증거분석관

제5조의 규정에 따라 선발된 자로서 분석의뢰물에 대한 증거분석 업무 및 디지털 데이터 또는 디지털 저장매체 자체에 대한 압수·수색·검증 지원 업무를 수행하는 자를 말한다.

디지털 증거의 수집, 운반, 분석 및 보관 업무를 수행하는 자는 개인의 인권을 존중하고 사건 관계인의 명예를 훼손하지 않도록 주의하여야 하며, 직무상 알게 된 비밀을 지켜야 한다.

제5조(증거분석관의 자격 및 선발) 증거분석관은 다음 각 호의 어느 하나에 해당하는 자 중에서 선발한다.
1. 경찰 교육기관의 디지털 포렌식 관련 전문교육을 수료한 자
2. 국가 또는 공공기관의 디지털 포렌식 관련 분야에서 3년 이상 근무한 자
3. 디지털 포렌식, 컴퓨터공학, 전자공학, 정보보호공학 등 관련 분야 대학원 과정을 이수하여 석사 이상의 학위를 소지한 자
4. 디지털 포렌식, 컴퓨터공학, 전자공학, 정보보호공학 등 관련 분야 학사학위를 소지하고, 해당 분야 전문교육 과정을 수료하거나 자격증을 소지한 자

(3) 증거수집 및 처리의 원칙

① 출력·복제된 디지털 증거는 원본과 동일성이 유지되어야 한다.

② 디지털 증거는 수집 시부터 송치 시까지 변경 또는 훼손되지 않도록 주의하여야 한다.

(4) 디지털 증거분석의 처리체계

① 경찰청 사이버안전국 디지털포렌식센터는 다음 각 호의 경우 디지털 증거분석업무를 수행한다.

  1. 경찰청 각 부서에서 증거분석을 요청한 경우

  2. 고도의 기술이나 특정 분석장비 등이 필요하여 지방경찰청에서 증거분석이 곤란한 경우

  3. 법원, 수사기관, 중앙행정기관, 국외 기관 등에서 증거분석을 요청하고 그 정당성과 필요성이 인정되는 경우

  4. 그 밖에 상당한 이유로 경찰청에서 증거분석을 하여야 할 필요성이 인정되는 경우

② 지방경찰청 사이버안전과(사이버안전과가 설치되지 않은 지방경찰청은 수사과)는 다음 각 호의 경우 디지털 증거분석업무를 수행한다.

  1. 지방경찰청 각 부서 및 경찰서에서 증거분석을 요청한 경우

  2. 관할 내 법원, 수사기관, 행정기관 등에서 증거분석을 요청하고 그 정당성과 필요성이 인정되는 경우

  3. 그 밖에 상당한 이유로 지방경찰청에서 증거분석을 하여야 할 필요성이 인정되는 경우

(5) 디지털 증거의 수집

① 수사과정에서 디지털 데이터의 압수·수색·검증이 필요한 경우 경찰청 각 부서는 경찰청 디지털포렌식센터장에게, 지방경찰청 각 부서 및 경찰서의 수사부서는 지방경찰청 사이버안전과 장(사이버안전과가 설치되지 않은 지방경찰청은 수사과장)에게 압수· 수색·검증에 관한 지원을 요청할 수 있다.

② 경찰청 디지털포렌식센터장 또는 지방경찰청 사이버안전과장 (사이버안전과가 설치되지 않은 지방경찰청은 수사과장)은 압수·수 색·검증에 관한 지원을 요청받은 경우에는 지원의 타당성과 필요성을 검토한 후, 지원여부를 결정하여 통보하여야 한다.

③ 압수·수색·검증과정을 지원하는 증거분석관은 성실한 자세로 기술적 지원을 하고, 수사관은 압수·수색·검증영장 및 제10조 각 호의 내용을 증거분석관에게 사전에 충실히 제공하는 등 수 사의 목적이 달성될 수 있도록 상호 협력하여야 한다.

(6) 영장 집행의 준비

디지털 데이터를 압수·수색·검증하고자 할 때에는 사전에 다음 각 호의 사항을 고려하여야 한다.

1. 사건의 개요, 압수·수색·검증 장소 및 대상
2. 압수·수색·검증할 컴퓨터 시스템의 네트워크 구성 형태, 시스템 운영체제, 서버 및 대용량 저장장치, 전용 소프트웨어
3. 압수대상자가 사용 중인 디지털 저장매체
4. 압수·수색·검증에 소요되는 인원 및 시간

5. 디지털 증거분석 전용 노트북, 쓰기방지 장치 및 하드디스크 복제장치, 복제용 하드디스크, 하드디스크 운반용 박스, 정전기 방지장치 등 압수·수색·검증에 필요한 장비

(7) 디지털 데이터의 압수·수색·검증

① 수사관은 압수·수색·검증 현장에서 디지털 데이터를 압수하는 경우에는 범죄사실과 관계가 있다고 인정할 수 있는 범위를 정하여 출력하거나 복제하는 방법으로 압수하여야 한다.

② 수사관은 압수·수색·검증현장에서 제1항의 방법이 불가능하거나 현저히 곤란한 경우에는 복제본을 획득하여 외부로 반출한 후, 제1항의 방법으로 디지털 데이터를 압수할 수 있다.

③ 수사관은 압수·수색·검증현장에서 제1항 및 제2항의 방법이 불가능하거나 현저히 곤란한 경우에는 디지털 저장매체 원본을 외부로 반출한 후, 제1항 또는 제2항의 방법으로 디지털 데이터를 압수할 수 있다.

④ 수사관은 제1항부터 제3항까지의 규정에 따라 디지털 데이터를 압수하는 경우에는 피의자나 변호인, 소유자, 소지자 또는 「형사소송법」 제123조에 정한 참여인(이하 "피압수자등"이라고 한다)의 참여권을 보장하여야 한다.

⑤ 수사관과 증거분석관은 제1항부터 제3항까지의 규정에 따라 디지털 데이터를 압수하는 경우에는 데이터 고유 식별값(이하 "해시값"이라고 한다) 확인 등 디지털 증거의 동일성, 무결성을 담보할 수 있는 적절한 방법과 조치를 취하여야 한다.

⑻ 디지털 저장매체 자체의 압수·수색·검증

① 수사관은 다음 각 호의 사유가 존재하고 디지털 저장매체 자체를 압수·수색·검증할 수 있도록 영장에 기재되어 있는 경우에는 디지털 저장매체를 압수할 수 있다.

  1. 도박·음란·기타 불법사이트 운영 사건 등 디지털 저장매체에 저장된 원본 디지털 데이터가 다시 범죄에 이용될 우려가 있는 경우

  2. 디지털 저장매체에 음란물 또는 사생활 보호의 대상이 되는 내용 등이 담겨져 있어 유포 시 개인의 인격에 상당한 피해가 우려되는 경우

  3. 불법 또는 정당하지 않은 방법으로 취득한 디지털 데이터가 디지털 저장매체에 저장되어 있는 경우

  4. 디지털 저장매체 또는 디지털 저장매체가 포함된 존재 자체가 범죄의 증명에 필요한 경우

  5. 그 밖에 제11조의 방법에 따른 압수가 불가능하거나 압수의 목적을 달성하기에 현저히 곤란한 경우

⑼ 디지털 증거분석 의뢰 및 수행

① 수사관은 디지털 증거분석을 의뢰하는 경우 분석의뢰물을 봉인하여야 한다. 이 경우 충격, 자기장, 습기 및 먼지 등에 의해 손상되지 않도록 안전하게 보관할 수 있는 용기에 담아 직접 운반하거나 등기우편 등 신뢰할 수 있는 방법으로 송부하여야 한다.

② 제1항의 경우 수사관은 제12조에 따라 작성한 서류 사본 등 분석의뢰물과 관련된 서류 및 정보를 증거분석관에게 제공하여야 한다.

⑩ **분석의뢰물의 분석**

① 증거분석관은 분석의뢰물이 변경되지 않도록 쓰기방지 장치 등을 사용하여 분석의뢰물과 동일한 복제본을 획득한 후 분석 의뢰물과 복제본의 해시값을 기록하여야 한다.

② 증거분석관은 제1항의 방법으로 획득한 복제본을 이용하여 증 거분석을 수행하여야 한다. 다만, 수사상 긴박한 사정이 있거 나 복제본을 획득할 수 없는 불가피한 사정이 있는 경우에는 의뢰받은 분석의뢰물을 직접 분석할 수 있다.

③ 증거분석관은 다음 각 호의 사항을 결과보고서에 기재하여야 한다.

1. 사건번호 등 분석의뢰정보 및 분석의뢰자정보
2. 증거분석관의 소속 부서 및 성명
3. 분석의뢰물의 정보 및 의뢰 요청사항
4. 분석의뢰물의 접수일시 및 접수자 등 이력정보
5. 분석에 사용된 장비·도구 및 준비과정

⑪ **포렌식의 증거 수집 기술 방법**

1) 휘발성 메모리

컴퓨터의 경우 메모리가 휘발성과 비휘발성으로 나누어져 있는 데 휘발성이라는 것은 컴퓨터 전원이 꺼지는 동시에 저장되어 있던 내용도 자동적으로 삭제되는 것으로 RAM이 되며 캐쉬, 메인 메모 리와 레지스터들이다. 증거 획득 단계에서 범죄자의 컴퓨터가 켜져 있다면 전원을 꺼서는 안된다.

컴퓨터의 전원을 차단하기 메모리의 내용을 출력하거나 모니터 화면을 사진으로 찍어 증거를 확보한다. 응용 프로그램의 경우 프로세스를 확인하여 증거물 압수 당시에 어떠한 행위를 수행 중이였는지를 알 수 있어야 한다. 증거 확보에서 운영체제가 윈도 계열인 경우 실행 중인 프로세스가 활용하는 파일을 삭제할 수 없지만 유닉스의 계열인 경우 실행중이라고 하더라도 삭제가 가능하다.

2) 삭제 및 변경 데이터 복구

삭제는 시스템에서 FAT_{File Allocation Table}, MFT_{Master File Table} 기타 운영체제에서 디스크의 파일 위치를 기록하기 위해서 사용하는 데이터 구조에서 항목 하나를 없애 연결을 하지 못하도록 하는 것이다. **복구 프로그램을 실행시키면 이러한 항목을 복구하게된다.** 즉 파일 전체를 덮어 쓰기 이전까지의 정보는 복구 할 수 있는 방안이 존재한다.

3) 숨겨 놓은 파일 찾기

하드 디스크에는 구조상 외부 트랙 부분에 쓰지 않는 저장 공간을 가지고 있으며, 이러한 공간을 섹터 캡이라고 부르는데 일부 데이터 복구 프로그램은 이러한 섹터 갭의 데이터를 찾아 내고 복구할 수 있다. 또한 파일이 저장되는 경우 맨 마지막 섹터의 크기보다 여분의 저장 파일 데이터가 작을 경우 DOS와 윈도는 시스템의 메모리 버퍼에서 가지고 온 랜덤 데이터로 나머지 공간을 채운다. 이러한 공간을 램 슬랙이라고 하는데 램 슬랙에는 작업 세션의 데이터가 저장되게 되고 이러한 자료를 찾을 수 있다.

4) 백업 데이터

데이터가 중요한 경우 백업 데이터를 유지하기 위해 사용하는 컴퓨터에 CD 혹은 DVD 기록장치가 존재하거나 압축 파일의 저장 디스켓이 존재한다면 백업 데이터가 있을 수 있다. 백업 데이터를 찾아 보는 것도 중요한 증거 획득의 방법이다.

2. DNA채취(정액, 음모)

(1) DNA

인간의 DNA 염기서열의 99.9%는 모든 사람에게 동일하지만, 일란성 쌍둥이가 아닌 DNA가 다르다. DNA 분석은 입안에 넣어 채취하지만, 법원 명령이 없는 경우에는 칫솔, 면도기 같은 개인 물품이나 또는 정자 또는 조직에서 혈액, 침, 정자, 질 윤활제 또는 기타 유체 또는 조직을 채취하는 방법으로 실시된다.

(2) DNA 추출

혈액이나 침과 같은 샘플을 얻을 때, DNA는 샘플에 존재하는 것의 일부분에 불과하다. DNA를 세포에서 추출하여 정제한 다음, DNA만 남기고 나머지는 폐기한다. 샘플에서 DNA를 추출한 후 RFLP 분석, PCR 분석, STR분석, 미토콘드리아 분석 등의 방법을 사용한다.

(3) PCR 분석

중합효소 연쇄반응PCR Polymerase Chain Reaction 분석은 DNA가 아주 적은 양이더라도, 우리가 원하는 부분을 엄청난 양과 높은 정확도로 크게 증폭할 수 있는 특징을 이용한 것이다. 이 방법은 책상위에 놓을 만큼 간단한 장비로도 분석이 가능하고, 증폭에 걸리는 시간도 2시간 정도로 매우 짧은 장점을 가졌다.

1983년에 케리 멀리스Kary Mullis에 의해 개발됐다. 과학 수사나 친자감별 등에 자주 이용되는 DNA 지문분석도 PCR법을 이용하고, 고생물이나 멸종된 생물의 DNA를 증폭할 때도 이용한다.

(4) STRShort tandem repeats 분석

이 분석법은 중합효소 연쇄반응PCR을 기반으로 하며 간단한 순서 또는 짧은 탠덤 반복STR을 사용한다. 특수 관계가 없는 사람들은 거의 확실히 다른 수의 반복 단위를 가지고 있기 때문에, STR은 관련이 없는 개인들을 분석하는데 사용된다.

(5) 미토콘드리아mitochondria 분석

분해되고 손상된 샘플의 경우, 전체 프로파일을 얻는 것이 불가능할 경우 핵 DNA의 복사본이 1~2개 밖에 없는 반면, 세포 내에 미토콘드리아 DNAmtDNA의 복사본이 많기 때문에 미토콘드리아 DNAmtDNA를 이용해서 분석한다. 오래된 뼈나 오래된 치아와 같은 물질로부터 얻을 수 있다.

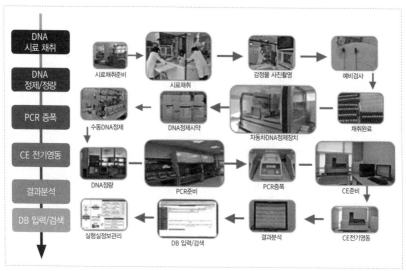

출처: 국립과학수사연구원

⑹ 손상된 DNA 샘플 활용

PCR 방법이 존재하기 전에는 손상된 DNA 샘플을 분석하는 것이 불가능했지만 PCR 기술은 분해된 샘플에 남아 있는 DNA의 작은 파편을 분리하고 증폭시키는 것을 가능하게 했다. 멀티플렉스 PCR은 이론적으로 1ng(나노그램) 미만의 DNA를 증폭시킬 수 있는 반면 RFLP는 분석을 수행하기 위해 최소 100ng의 DNA를 가져야 했다.

DNA 샘플에 둘 이상이 혼합되면 개별 프로파일을 검출하는 데 어려움이 있다. 혼합물의 해석은 고도로 훈련된 전문가에 의해서만 이루어져야 한다. 2, 3명이 포함된 혼합물은 어렵겠지만 해석할 수 있다.

4명 이상의 개인을 포함하는 혼합물은 너무 복잡해서 개별 프로필을 얻을 수 없다. 혼합물을 얻는 일반적인 시나리오는 성폭행의 경우이다. 피해자, 피해자의 합의된 성적 파트너 및 가해자의 자료를 포함하는 샘플을 얻을 수 있다.

(7) 사례

피고인 A 씨는 야간에 칼을 휴대한 채 피해자의 주거지 화장실 창문을 뜯어내고 침입하여 피해자와 피해자의 여동생을 결박한 뒤 피해자를 1회 강간하고 피해자의 물건을 강취해 가 특수강도강간의 죄를 저질넣는데

그때 당시 범죄현장의 증거는 피해자의 질 내부 및 휴지 등에서 검출된 성범죄자DNA 뿐이었고, 이를 대조할 DNA가 없어 당시 피고인 A 씨는 검거되지 않았고 그대로 15년 동안 미제사건이었으나

피고인 A 씨는 2010년경 야간건조물침입의 범행을 조사받으면서 DNA채취가 이루어졌는데, 국립과학수사연수소 데이터베이스 검색결과 이 DNA가 15년 전 사건의 성범죄자DNA와 일치함으로써 진범이 밝혀지게 되었음

3. CCTV 증거

폐쇄회로 텔레비전은 'Open-circuit Television'는 특정목적을 위하여 특정인들에게 제공되는 TV라는 뜻이다. 이러한 목적에 따라 CCTV는 유무선으로 밖과 연결되지 않아서 '폐쇄회로 TV'로 불리는 것이다.

성범죄가 발생하는 장소가 모텔, 인적이 드문장소, 직장, 학원, 학교, 유치원등으로 CCTV나 블랙박스가 설치되어 있는 경우가 많다. 하지만 설치주체의 동의가 없다면 이를 시청하기는 어려운 경우가 많아 1회 공판기일전이라도 판사에게 압수, 수색, 검증, 증인심문 감정을 청구할 수 있다. 증거가 없어질 우려가 있는 경우에는 사전압수, 수색 검증신청을 통한 증거 확보가 필요하다.

4. 거짓말 탐지기

(1) 개념

'폴리그래프Polygraph'는 맥박, 호흡, 손에 흐르는 땀의 양등을 분석해서 그래프로 확인할 수 있는 장치를 의미한다. 피의자가 증거, 범죄현장, 피해자를 만날 경우, 거짓말을 할 경우 마음이 불안해지므로 손에 땀이 나고 호흡이 가빠지며 심장박동과 뇌파가 빨라지는 등 신체적인 반응이 나타나 그래프로 확인 가능하다.

거짓말탐지기의 경우는 피검사자의 동의가 필요하고 제한적인 경우만 증거능력이 인정되나 대부분 정황증거로 인정된다.

(2) 판례(강간치상사건)

가. 피고인이 검찰조사기간중 경찰서 유치장에 수감되어 있었는데 검사에 의하여 제1회 피의자신문을 받을 때는 범행을 부인하고 경찰에서의 자백은 심한 고문에 의한 것이라고 주장하다가 그 후 별다른 수사의 진전이 없는데도 제2회 이후부터 범행사실을 순순히 자백하였으며

1심 법정에 이르러서부터는 다시 범행을 부인하고 있고 증인들의 증언의 취지가 피고인을 유치장에서 면회하였을 때 고문당했다고 말하는 것을 들었고 그 상처도 보았으며 억울한 사정을 탄원해 달라는 쪽지도 받았고 조사를 받고 오는 날 밤새 앓은 적이 있었다는 내용이라면, 피고의 자백은 고문을 당한 결과 임의성이 없는 상태에서 이루어진 것으로 의심할 만한 이유가 있다고 판단되어 그 증거능력이 부인된다.

나. 거짓말탐지기의 조사결과에 대하여 증거능력을 인정할 수 있으려면 첫째로 거짓말을 하면 반드시 일정한 심리상태의 변동이 일어나고, 둘째로 그 심리상태의 변동은 반드시 일정한 생리적 반응을 일으키며, 셋째로 그 생리적 반응에 의하여 피검사자의 말이 거짓인지 아닌지가 정확히 판정될 수 있다는 전제요건이 충족되어야 하며 특히 생리적 반응에 대한 거짓여부의 판정은 거짓말 탐지기가 위 생리적 반응을 정확히 측정할 수 있는 장치이어야 하고 질문조항의 작성과 검사의 기술 및 방법이 합리적이어야 하며 검사자가 탐지기의 측정내용을 객관성있고 정확하게 판단할 능력을 갖춘 경우라야만 그 정확성을 확보할 수 있는 것이라 할 것인바 위 요건들이 충족되지 않는 한 거짓말탐지기 검사결과에 대하여 증거능력을 부여할 수 없다.(출처 : 대법원 1984. 3. 13. 선고 84도36 판결)

여성과 범죄

제9장

여성 범죄

여성 범죄의 특징

1. 여성 범죄자 특징

여성 범죄는 여성의 경제 활동 참여율이 증가하고 사회적 지위가 상승할수록 발생 빈도가 높고 흉포화되어 갈 것이다. 여성 범죄의 발생, 검거율은 여성의 사회 참여율과 깊은 관련이 있다. 또한 여성의 성별 특성이 범죄에 부적합하기 때문이라기보다는 가정과 사회에서 오랫동안 강요된 성 역할과 사회적, 경제적 지위에서 비롯된 것이므로 사회 진출이 활발해지고 경제적 지위가 높아진다면 여성 범죄율도 높아지고 성별과 무관한 수준이 될 수 있다.

여성 범죄자는 도덕적 의식이 낮고, 특별한 범죄적 성향을 나타내지 않지만 남성에 비해 교활하고 사악하며 환경적·기회적으로 범죄가 가능하면 범죄를 쉽게 저지르는 것이 특징이다.

따라서 여성 범죄에 대한 정의는 여성이 주체가 되어 범죄를 저지르는 것이고 범죄 유형이나 양상은 남성에 비해 경미하고 단순하나 범죄의 원인에서는 남성 범죄자와 유사하다고 할 것이다.[1]

---

1 임명순, 「한국 여성 범죄의 현황과 대책」, 0.5, 「한국경호경비학회」, 2002, 291–308.

여성 범죄는 전체 범죄 비율에 비해 범죄 발생률은 낮은 편이지만 한국의 경우에 여성 범죄 비율은 꾸준히 증가하고 있다.(대검찰청 통계) 여성은 주로 우발적 충동적 범죄 비율이 높은 편이고, 재산 범죄 비율이 높다. 이는 여성의 경제적 독립성이 낮고 사회에서 직업을 가지기 어렵기 때문에 범죄를 저질러 경제적 문제를 해결할 수밖에 없기 때문이다. 폭력 등 강력 범죄가 적은 이유는 여성은 신체적 열세로 인해 강력 범죄를 저지르기는 어렵기 때문이다. 상대를 속이거나 방심하는 틈을 이용한 사기, 횡령, 절도 등 신체적 능력을 활용하기보다는 머리를 쓰는 계획적인 범죄를 저지르는 경향이 높다.

남성의 경우는 극단적이고 즉흥적인 흥분을 보이나 여성은 장기간의 계획을 거치게 된다. 여성들은 자신을 학대하거나 박해, 모욕하는 애인, 가족 등에게 독약을 먹이거나 목을 조르거나 흉기를 이용하기도 한다.[2]

여성은 주당 77시간 이상의 가사 노동을 하지만 그럼에도 불구하고 그 중요성은 간과되고 있으며 가정 내에서 격리, 열악한 교육, 권력의 부재를 경험한다. 여성들은 시간 소모적이고 탈선하기 어려운 구조에 갇혀있는 것처럼 보이고 가정 내에서 공격받고 살해되거나 강간당한다.[3] 여성의 경우 절도를 저지르는 동기도 가족, 애인을 위한 경우가 남성에 비해 높다. 여성 범죄의 대표적인 범죄로 지목되는 것은 마약, 성매매가 있다. 이는 여성의 사회, 경제적 위치와 무관하지 않다. 성매매가 여성이 선택할 수 있는 가장 손쉬운 방법이나, 그 과정에서 마약, 알코올 중독 등 다른 범죄에 동참할 수 있는 가능성이 높아진다.

---

2 A. Johnes, 『Women Who Kill』, London: Gollancz, 1990.

3 R. Dobash and R.E. Dobash, 『Violence against wives』, Open Book London, 1981.

결국 여성 범죄는 여성의 생래적 특징과 가정과 사회 등에서 경험적으로 학습된 성 역할Socialized gender의 특성을 반영하고 있고 사회, 경제적 제한 안에서 발생한다. 롬보르조와 페리는《여성 범죄자: Female Offender》에서 여성 범죄자들은 지능이 낮고, 성적 욕구가 강하거나 폭력적인 성향을 가지고 있다고 밝혔다. 특히 여성은 생리, 출산, 호르몬의 영향이 강하게 작용하고 있어 여성과 남성 범죄자의 특성에는 차이가 있다는 점을 주장했다. Dalton의 경우에도 여성의 성호르몬은 여러 가지 심리적 변화를 가져오고 여성 범죄의 중요 원인이라고 밝히고 있다.

특히 여성은 가정, 학교, 사회 등에서 수동적 역할을 강요받아 왔으며, 사회적, 경제적으로 남편과 아버지에게 의존하여 왔기 때문에 범죄를 능동적으로 계획하고 그 책임을 지는 것에 남성에 비해 경험이 적다. 하지만 여성 범죄자들은 억압과 순종에서 벗어나기 위해 비정상적인 일탈을 통해 이를 해결하고자 한다. 특히 전남편과 의붓아들 살해 혐의로 처벌받은 고유정 살인 사건의 경우도 전남편의 위협에 독약을 마련하고, 운반 방법까지 알아보는 치밀함을 보였다. 또한 현재의 가정생활을 유지하기 위해 살인이라는 비상식적인 방법을 택했다. Pollak[4]은 여성은 남성에 비해 더 범죄적이고, 복수심에 사로잡히기 쉬우며 더욱 사악하다고 주장하면서, 가정부에 의한 절도, 매춘부, 가족들에 대한 독살, 폭력 등을 언급하였다. 여성들은 생리나 호르몬 주기, 자기 비하로 남성과는 다른 범행을 저지른다고 보았다.

---

4 O. Pollak, 「The criminality of women」, A.S. Barnes, NY, 1961.

여성과 범죄

파이크[5]는 여성이 독립성이 높아짐에 따라 더욱 범죄화된다고 보았고 비숍(1931)[6]도 여성이 본질적으로 남성과 동등하지 않고 여성의 권리 향상은 여성을 좌절시켜 범죄화되게 한다고 보았다. 특히 여성 해방 이후 사회의 범죄도 증대되었다고 결론 내렸다. 박스와 해일(1983)[7]에 의하면 여성 범죄는 재산 범죄에서는 증가를 보였으나 폭력 범죄에서는 거의 증가하지 않았으며, 여성의 경제력, 고등 교육 기회, 직장 참여가 높아질수록 여성 범죄율도 높아진다고 보았다.

---

5 I. O. Pike, 『History of Crime in England』, Smith & Elder, London, 1876.

6 C. Bishop, 『Women and Crime』, London Chartto & Windus, 1931.

7 S. Box and C. Hale 「Liberation and Female Criminality in England and Wales」, 『British Journal of Criminology』, vol 23, no 1, 1983.

여성 범죄 원인론

1. 여성 범죄자의 생물학적 원인

롬브로소Lombroso에 의하면 신체적 특징은 범죄와 밀접한 관계를 가지며 여성 범죄자는 일반 여성과는 다른 생래적 특징을 가지고 있다고 보았다. 여성 범죄에서는 유전적, 생물학적인 영향이 남성에 비해 훨씬 강하게 나타나며 여성들은 상대적으로 심리적인 변화가 자주 일어나고 출산, 임신, 수유, 다이어트 등 신체 변화에 영향을 받는다고 보았다. 하지만 여성 범죄를 설명하는 데 있어 여성이 선천적 범죄적 소질을 가진다거나 범죄 유발 및 상승 인자를 타고났다는 주장은 여성 범죄가 유전적, 생물학적으로 생래적 원인 때문이라고 설명하며 여성에 대한 부정적 인식을 나타낸다고 할 수 있다.[8]

예를 들면 여성 범죄자는 남성과 비슷한 두개골을 가지고 있고 머리 무게가 보통 여성보다 가볍다는 것 등이다. 성매매 여성의 경우 이러한 특징이 더욱 강하게 나타난다고 보았다. 롬브로소는 여성은 남성에 비해 진화가 덜 되었고 사회 질서에 대해서 더 보수적이며, 사회에서 활동할 수 있는 기회가 적기 때문에 남성에 비해 범죄를 적게 저지른다고 보았다.

---

8 최영인, 염건령, 「현대 여성학과 여성 범죄 이론」 백산출판사, 2005.

신체가 과하게 발달한 소녀들이 비행을 더 많이 저지르는 것으로 보았다. 낙태는 대표적인 여성 범죄로 여겨지는데 영아 살해의 경우 분만을 은폐하기 위한 것으로, 기분의 변화와 이상 욕구, 충동 등 임신의 생물학적 특징으로 영아를 살해하는 범죄를 저지른다고 본다.

여성이 남성에 비해 범죄를 적게 저지르는 것은 기회의 부족이나 엄격한 사회 통제 때문이 아니라 염색체나 호르몬에 원인이 있다고 보았고, 여성 범죄자는 염색체가 부족하다거나 비정상적인 염색체를 가지고 있고 여성 범죄자 중 많은 사람이 월경 및 월경 전에 범죄를 행하므로 이 기간의 호르몬과 관계가 있다고 주장했다.

여성 범죄에 대한 생물학, 생리학적 요인으로 '생식' 단계, 즉 월경, 임신, 폐경 등을 강조한다. 생식적 단계에서는 심리적인 교란이 나타나고 욕구 충족의 균형을 파괴하고 내적 억제가 되면서 여성 범죄가 발생할 수 있다고 보았다.

2. 여성 범죄의 사회 경제학적 원인

여성의 경제 활동은 활발해졌지만 임금 수준도 남성에 비해 현저히 낮고 해고의 위험이 높다. 또한 직장에서 성희롱, 성차별 등의 스트레스를 받고 이혼 등으로 가계 경제를 책임져야 하는 경우에는 빈곤의 문제에 직면하게 된다. 사회 구조적으로 불평등한 경제적 사회적 지위, 정신적 스트레스와 해결 불가능한 빈곤의 상황에서 여성은 범죄를 통해 이를 해결해야만 한다. 성매매를 통한 경제적 문제 해결은 기본적인 인권마저 포기한 최후의 선택인 셈이다.

성 역할은 사회 구조와 연관이 있다고 보았고[9] 남녀의 범죄 유형은 사회적 문화적 유형과 연관되어 있으며, 남녀가 행하는 범죄의 종류는 성별로 유형화되어 사회적 역할을 표현한다고 정의하였다.[10]

목표에 대한 합법적 수단이 결여되어 있으면 비합법적 수단을 통해 목표를 달성하고자 하고, 여성의 경우에는 남성에 비해 목표에 대한 합법적 수단뿐만 아니라 비합법적 수단에 대한 접근 가능성도 낮아서 범행을 적게 저지른다고 하였다.[11]

여성은 목표를 성취하기 위한 기회가 성적 지위, 혹은 성차별 때문에 적은데 여성의 비행 행위는 이러한 합법적 기회에 대한 접근 가능성이 좌절된다고 인식할수록 범죄를 저지를 가능성이 높다고 보았다.[12]

빈곤한 여성들이 경제적 상황을 벗어나기 위해 범죄를 저지른다고 보았다.[13] 매춘도 성적인 동기에 의한 것이 아니라 경제적인 동기에 의한 것이라고 하였고 실증 연구에서 매춘 여성의 84.9%가 돈을 쉽게 벌기 때문에 매춘을 하고 있다고 나타났다.

9 F. Heidensohn, 「The Deviance of Women: A Critique and an Enquiry」, 『British Journal of Sociology』 19(2):, 1968, 170.

10 A. Oakley, 『Sex, Gender and Society』, Temple Smith, 1972, 68.

11 R. A. Cloward and L. Ohlin, 『Delinquency and Opportunity』, Free Press, 1960.

12 S. A. Cernkovich and P. C. Giordano, 「Delinquency, Opportunity and Gender」, 『Journal of Criminal Law and Criminology』, 70*, 1979, 145–151.

13 D. Klein, 「**The Etiology of Female Crime: A Review of the Literature」, 『Issues in Criminology』 8:, 1973, 6.

여성 범죄는 여성의 근본적인 빈곤으로 인한 것으로 보며 경제적인 상황과 여성 범죄 발생 사이의 관계를 설명하면서 빈곤, 불평등, 실업률을 원인으로 보고 있다.[14]

여성의 경제 활동 기회는 늘어났지만 낮은 임금과 불안정한 고용 상황 때문에 여성의 경제적 빈곤과 스트레스는 증가할 수밖에 없으며 여성들은 빈곤에서의 생존과 가족 부양을 위해 범죄를 저지른다고 보았다.[15]

결론적으로 여성은 경제적 부담을 책임지게 되고 이를 해결하기 위해 범죄를 저지르고 교육을 받을수록 사회 경제적 지위가 향상되고 여성이 이권에 개입하면서 범죄를 저지를 가능성도 높아진다고 보았다. 또한 여성의 경제력 향상과 핵가족화는 여성이 여가를 즐길 수 있도록 하였고 유흥이나 향락 산업에서 범죄화되어 간다고 볼 수 있다.

3. 여성 범죄의 여성학적 원인론

여성학적 입장에서 여성은 범죄에 가담할 수 있는 사회, 경제적 활동의 구조적인 기회가 제한되어 있고 성별에 따라 범죄의 유형이 다르다고 보았다. 사회적으로는 여성이 남성에 비해 범죄를 덜 저지른다는 인식을 가지고 있다고 보았다.[16] 여성들은 여자답게 행동하고 사회 질서와 형법에 대해서도 순응하게 되어 남성에 비해 규범적으로 활동하여 범죄를 덜 저지르게 된다는 것이다.[17]

---

14 서주연. 전게서. 2004. 215.

15 Flowers. Ronald B., 「Women and criminality- the woman as victim, offender, and practitioner」. New York- Greenwood Press, 1987. 98-100.

16 오성제. 전게서. 2010. 10.

17 M. A. Bertrand, 「u Self-Image and Delinquency I A Contribution to the Study of Female Criminality and Women's Image」. 「Acta Criminologica」. 1969. 74.

하지만 여성에 대한 성 역할의 제한은 여성계의 반항을 일으켰고, 여성은 순응적 여성에게 강요된 사회 질서와 문화에 반기를 들었다. 이에 여성 운동이 여성 범죄를 증가시켰다는 주장이 제기되기 시작했다. 여성의 사회적 활동 증가는 여성의 의식 변화로 이어져 목표 달성의 의지와 욕구가 증가하면서 합법적 수단으로 목표를 달성하기 어려운 여성들이 범법 행위를 통해 목표를 달성하고자 한다고 본다.[18]

하지만 여성 운동을 하는 여성들은 젊고 교육 수준이 높으며 중상류층의 백인 여성이 대다수이나 여성 범죄자들은 교육 수준이 낮고 노동자와 흑인이 많다며 여성 범죄자와 여성 운동의 영향을 부정하는 주장도 있다. 여성 범죄가 여성 운동의 영향을 직접 받는다기보다는 여성의 경제 활동 참여 기회와 연관된다고 보는 주장이 우세하다.

여성학으로 인해 여성이 자신에 대한 자아 개념과 정체성identity에 대한 변화, 자아의식 향상을 겪고, 남성과 같은 행동을 하며 주체적으로 경제적 사회적 위치를 차지하려고 노력하고, 이 과정에서 범죄 상황에 빠져든다는 것이다.

4. 여성 범죄의 심리적 원인

여성의 질투, 원한, 허영심, 히스테리 등 심리적 요인이 범죄의 원인이 된다고 본다. 질투와 원한은 살인, 폭행, 모욕 등의 범죄로 이어지고[19]

---

18 F. Adler, 「Sisters in Crime」, McGraw-Hill, 1975.
19 홍영화, 「한국 여성 범죄에 관한 연구」, 동국대학교 석사학위논문, 2004.

여성과 범죄

남편, 배우자, 애인으로부터의 배신은 원한과 분노로 이어져 폭력적 범죄를 저지른다.

히스테리는 여성 범죄의 원인이며 욕구 충족을 못 할 때 느끼는 불안이나 정신병적 현상으로 모욕, 폭행, 손괴 등의 범죄를 저지르게 한다.[20]

정신분석학 입장에서는 초자아와 자아가 약화된 사람들이 본능적, 반사회적 충동으로 범죄를 저지를 수 있다고 본다. 다른 측면으로는 여성의 무의식에는 남성이 되고자 하는 욕구를 가지고 있으나 남성이 되는데 실패한 것과 성범죄의 연관성을 주장하기도 한다. 여성의 남근에 대한 열등감은 범죄의 원인이 되며 여성이 어머니가 되어 이러한 열등감을 극복하지만 실패한 경우 동성애적 성향이 되거나 남성처럼 행동하고자 하는 시도로 공격적 성향을 가지게 되어 폭행, 모욕 등의 범죄를 저지른다는 것이다.[21]

직장, 가정에서 여성이 가부장적 권위에 순종하도록 교육되고 청소년기부터는 학교, 비행 친구의 영향을 받는다. 여성 범죄자는 남성과의 관계가 범죄의 원인이 되기도 하는데 여성 범죄 중에서 경제 범죄 중 사기범죄가 가장 많은 것은 배우자의 무능력으로 여성의 경제적 역할이 많아진 것도 하나의 이유이다. 여성의 경제적 활동의 증가, 남성과의 관계에서 발생하는 성적·정서적 피해가 범죄로 이어진다고 본다.

---

20   홍영화, 전게서, 2004, 17.

21   송광섭·정승헌, 「여성 범죄의 현황과 그 대처 방안」, 『조선대 법학 논총』, 4, 1998, 431–448.

여성의 경제 활동이 많아질수록 남편과의 관계에 만족하지 못하게 되고, 여성 살인 범죄의 동기는 보험금을 타기 위해 살인을 저지르게 된 경우가 많다는 것이다. 즉 여성에 대한 경제 활동 지원이 부족할수록 범죄 가능성이 높기 때문에 미혼모, 이혼 가정에 대한 보호, 직업 교육을 위한 상담과 생활 지도 등 정부와 사회의 지속적인 경제적 지원과 자립 정책이 필요하다.

여성 범죄자 중 고령자의 범죄율이 높은 것도 고령의 여성이 경제적 자립이 어려운 데 원인이 있다. 고령자에 대한 직원 교육과 경제적 지원이 확대되어야 고령 여성의 빈곤 범죄를 줄여갈 수 있을 것이다.

여성 범죄의 원인은 생리적, 심리적, 생물학적 원인도 있지만 사회 경제적 지위가 낮아 빈곤 범죄를 많이 저지르고, 남성에 의존적인 가부장적 가정 내의 지위와 무관하지 않다고 할 수 있다. 여성 범죄는 경제적 원인에서만 비롯되는 것은 아니다. 여러 가지 요인이 여성의 빈곤하고 열등한 상황을 지속적으로 유지시키고, 결국 그것이 여성 범죄의 원인이 된다고 할 것이다.

《 제3절 》
한국의 여성 범죄 현황

1. 여성 범죄 검거 현황

1980년부터 2018년까지 38년간 전체 범죄자 수는 752,161명에서 2018년 2,042,416명으로 2.7배 증가하였으며, 여성 범죄자 수는 1980년 81,059명에서 2018년 344,739명으로 약 4.5배가량 증가하였다.

여성 범죄에서 1980년부터 2018년까지 38년간 전체 범죄 검거 인원 대비 여성 범죄자 검거 인원을 보면 1980년 여성 범죄자가 전체 범죄 대비 9.9%이나, 2018년에는 19.7%로 약 10%가 증가한 것을 알 수 있다. 2005, 1992, 2010년이 전년 대비 감소하였고 이외에는 지속적으로 증가하였다. 여성 범죄자가 전체 범죄 중 차지하는 비율은 지난 38년간 지속적으로 증가하였다.

외국의 경우 미국, 영국, 독일에서는 1900년대 여성 범죄는 남성 범죄보다 훨씬 높은 증가 추세를 나타냈으며, 독일의 경우 사기죄, 배임, 장물, 횡령, 문서 위조 등에서 많이 증가하였다. 1990년대 미국에서는 재산 범죄가 주로 발생했으며 여성들이 상업과 서비스에 종사하며 점포의 물건을 절도하거나 사기, 영수증 위조 등의 재산 범죄를 저지른 것으로 나타났다.

결론적으로 미국, 영국, 독일의 경우처럼 한국에서도 여성 범죄는 살인, 강도, 폭행 등의 신체적 유형력을 행사하는 범죄보다는 지능을 활용하는 재산 범죄, 남성을 상대로 하는 성매매 등이 대부분을 차지하고 있다.

<여성 범죄자 검거 현황(1980~2018년)>

(단위 : %)

연도	여성 범죄 비율	연도	여성 범죄 비율	연도	여성 범죄 비율	연도	여성 범죄 비율
1980	9.9	1990	10.2	2001	13.8	2011	3.5
1981	9.0	1991	10.3	2002	14.4	2012	17.9
1982	9.2	1992	9.1	2003	14.1	2013	17.5
1983	9.9	1993	11.3	2004	15.0	2014	17.9
1984	9.9	1994	12.4	2005	15.7	2015	18.2
1985	10.4	1995	14.2	2006	10.8	2016	18.2
1986	10.7	1996	13.9	2007	10.5	2017	18.8
1987	12.3	1997	13.1	2008	12.9	2018	19.7
1988	9.7	1999	13.8	2009	14.0		
1989	11.3	2000	14.8	2010	6.3		

출처: 대검찰청 범죄 분석 1980~2019년 재구성

2. 여성 범죄 유형별 현황

2011년부터 2019년까지 9년간 변화를 살펴보면 지능 범죄가 가장 많고, 폭력, 교통 범죄의 순으로 나타났다.

지능 범죄의 경우 62,000건에서 72,000건까지 만 건 정도가 증가한 것으로 나타나 여성의 범죄도 단순 절도나 폭력 범죄에서 그 비중이 지능 범죄로 옮겨가고 있음을 알 수 있다. 이는 여성들의 교육 수준이 높아지고 사회적 경제적 활동이 늘어난 것이 주요 원인으로 보인다.

여성과 범죄

풍속 범죄는 2011년 10,720건에서 2019년 4,001건으로 절반 이상 감소하였다. 이는 여성의 경제력이 높아지면서 여성의 인권에 대한 의식과 지위가 높아진 것과 무관하지 않을 것이고, 여성학, 여성 정책, 여성 관련 법률의 정비, 성매매의 강력한 처벌로 성매매하는 여성의 비율이 줄어든 것이 원인이다.

교통사고는 여성의 차량 소유나 여성 운전자가 증가함으로 늘었고, 특정 경제 범죄도 꾸준히 상승하고 있는데, 이러한 모습도 여성 범죄의 주요 특징이라 할 것이다. 강력 범죄나 절도는 비슷한 비율을 차지하고 있고, 주요 범죄는 폭력, 지능, 특경, 교통이라고 할 수 있다. 한국의 여성 범죄는 단순 범죄에서 지능, 경제 범죄로 확산되고 있다 할 수 있다.

〈여성 범죄 유형(2011~2019년)〉

연도	강력	절도	폭력	지능	풍속	특경	교통	기타
2011	1,136	22,026	59,882	74,995	10,720	21,580	67,351	59,345
2012	970	20,515	63,691	62,769	8,852	21,852	69,022	56,535
2013	918	20,760	57,207	65,094	7,370	18,414	72,809	56,539
2014	88.2	19,892	54,836	61,700	7,015	19,565	76,768	62,331
2015	948	21,528	59,226	65,269	6,575	21,554	81,720	64,101
2016	975	24,479	61,668	63,615	5,276	17,792	82,288	75,652
2017	1,078	25,201	60,162	59,883	4,522	16,682	74,215	71,328
2018	369	9,437	16,515	15,827	2,226	5,083	13,672	19,647
2019	1,317	26,316	61,928	72,830	4,001	20,694	69,293	70,720

출처: 경찰청, 2019년 범죄백서

3. 여성 범죄자의 특성

(1) 연령대별 분포

여성 범죄자는 연령 분포를 보면 40~60대가 가장 많다. 40~60대는 사회 활동이 가장 활발한 때이고 가정의 경제를 책임지고 있어 경제적 책임이 무거운 연령이다. 특히 20~30대 여성과 달리 40~60대 여성은 남성의 애정과 돌봄을 받기가 어려워지고 경제적 문제를 스스로 해결해야 하는 상황에 처한다. 또한 여성은 애정 관계에 의해 친밀한 남성의 암시나 유혹에 따라 남성을 위하여 범행에 가담하게 되는 경우가 많고, 폭력, 성적 학대를 피하기 위하여 저항하는 과정에서 오는 방어 행위, 혹은 정신적 스트레스와 병리적 상황이 범죄로 이어지는 경우가 많다.[22]

〈여성 범죄 연령〉

	19세 미만	19~30세	31~40세	41~50세	51~60세	61~70세	71세 이상	미상
2011	4.6	16.7	20.5	30.5	21.0	5.4	1.5	0.0
2012	5.5	16	19.9	29.3	25.9	5.6	1.5	0.1
2013	4.5	16.2	20.0	28.8	22.3	5.9	1.7	0.2
2014	3.6	15.4	19.5	28.4	24.0	6.8	2.0	0.3
2015	3.6	16.4	19.1	17.1	24	7.3	2.3	0.3
2016	3.5	15.5	19	26	23.9	6	2.5	0.5
2017	3.9	16.6	18.4	24.8	24.2	9.0	2.8	0.3
2018	3.8	16	18.1	24.2	24.2	10.1	3.2	0.3
2019	3.4	16.1	17.6	23.3	24.2	11.1	3.8	0.6

출처: 경찰청, 2011~2019년 범죄통계

---

22 최준, 「여성 범죄와 여성 수형자 처우」, 『법학연구』, 제18권 제1호, 2010, 385-414.

(2) 교육 정도

여성 범죄자 대부분의 학력은 고등학교였고 이는 한국 여성의 평균 학력 수준과 비슷한 양상이다. 미상도 많은데 여성은 심리적으로 학력과 재산 관계를 노출하는 것을 기피하기 때문으로 보인다.

여성이 범죄를 저지르는 연령은 40대에서 60대에 집중되어 있는 것으로 본다면 한국 여성의 평균적 나이와 학력 수준을 반영하는 것이다.

〈여성 범죄자 교육 정도별 현황(2011~2019년)〉

연도	미취학	초등학교	중학교	고등학교	대학 이상	기타	미상
2011	1.1	4.8	6.9	28.1	17.1	0.9	40.9
2012	1.0	5.0	8.3	33.9	14.0	2.6	35.3
2013	1.1	5.1	7.8	32	15.0	1.4	37.6
2014	1.1	5.7	7.5	31.2	15.1	1.4	38.6
2015	1.1	5.0	7.2	29.8	15.7	1.3	40.0
2016	1.1	4.9	7.2	30.4	16.3	1.2	38.9
2017	1.1	5.1	7.1	30.1	16.7	0.9	38.7
2018	1.1	4.8	2.0	28.7	17.1	0.8	40.5
2019	1.1	4.8	6.9	28.1	17.1	0.9	40.9

출처: 경찰청, 2011~2019년 범죄통계

(3) 생활 정도 및 결혼 여부

여성이 범죄를 저지르는 경우는 경제적으로 어려움을 해결하기 위한 경우가 많다. 2011년부터 2019년 경찰의 범죄 통계에 의하면 생활 수준은 하류가 많고 미상으로 대답한 경우도 상당하다. 학력, 생활 수준을 노출하기를 꺼리는 여성의 심리에서 비롯된 결과로 보인다.

결혼 상황은 유배우자인 상황이 더 많은데, 한국의 결혼 문화에서 비롯된 대다수의 결혼 선호 의식과 결혼 이후에도 경제적, 심리적 상황이 나아지지 않은 것을 알 수 있다. 한국 여성의 가정과 사회에서의 지위는 남성에게 의존적으로 생활하고 폭력적 상황에 노출되어 있다는 것을 짐작게 하는 통계이다. 또한 동거 상황보다 이혼의 경우 범죄 발생률이 높은데 경제적으로 어려워지고 불안, 우울의 트라우마가 심리적, 정신적 문제를 발생시키고 극심한 스트레스는 범죄로 이어진다는 결론이다.

〈여성 범죄자의 생활 정도와 결혼 여부〉

	생활 정도				결혼 관계		
	하류	중류	상류	미상	유배우자	동거	이혼
2011	36.6	24.7	0.7	38.1	29.4	1.3	9.3
2012	42.9	24.7	0.7	31.7	35.4	1.1	8.6
2013	41.5	24.3	0.7	33.5	34.1	1.3	8.9
2014	41.2	23.8	0.7	34.3	33.8	1.3	9.2
2015	39.7	23.5	0.7	36.1	32.1	1.5	9.1
2016	39.7	24.2	0.7	35.4	31.5	1.5	9.5
2017	39.2	24.6	0.7	35.5	31.0	1.4	9.5
2018	37.4	24.4	0.7	37.5	29.8	1.3	9.4
2019	36.6	24.7	0.7	38.1	29.4	1.3	9.3

출처: 경찰청, 2011~2019년 범죄통계

여성과 범죄

(4) 범행 동기

여성 범죄자의 범행 동기로 본다면 우발적 혹은 부주의가 가장 높고 경제적 원인(이욕)이 그다음으로 확인되었다. 하류층(빈곤층)의 범죄율이 높게 나타난 원인도 범행 동기가 경제적 원인(이욕)인 것과 무관하지 않다.

〈여성 범죄 동기〉

연도	이욕	사행심	가정 불화	우발적	부주의	기타	미상
2011	10.7	1.0	1.5	13.9	10.5	22.3	39.1
2012	9.9	1.3	0.4	13.4	11.1	30.4	31.8
2013	9.6	2.2	0.5	12.9	11.2	29.5	33.6
2014	9.6	1.1	0.4	11.9	11.5	29.6	34.4
2015	9.8	1.0	1.1	11.5	11.1	28.0	36.1
2016	10.7	1.0	1.5	11.3	10.8	27.9	35.4
2017	10.9	1.0	1.4	12.0	11.0	26.8	35.5
2018	10.5	1.0	1.3	13.6	10.7	23.3	38.7
2019	10.7	1.0	1.5	13.9	10.5	22.3	39.1

출처: 경찰청, 2011~2019년 범죄통계

(5) 여성 범죄자의 직업 특성

2011년도부터 여성 범죄자의 직업적 특성을 살펴보면 피고용자나 무직이 45% 정도를 차지한다. 이는 여성의 경제적 위치를 나타내는 것으로 고소득의 자영업이나 전문직보다는 소득이 낮은 피고용자나 무직이 대다수를 차지한다. 단순히 여성 범죄자의 비율을 나타낸다기보다는 대다수 여성의 경제적, 사회적 상황을 반영한다고 할 수 있다. 범행 동기로 경제적 원인이 많고, 지능 범죄, 특정 경제 범죄가 많은 것도 직업 특성과 관련이 있다고 할 것이다.

연도	자영업	피고용자	전문직	기타	무직	미상
2011	19.8	22.2	3.8	18.0	22.0	13.7
2012	19.1	23.2	4.1	26.4	21.9	4.9
2013	15.6	19.0	4.9	31.9	21.1	7.0
2014	15.7	19.2	5.0	32.3	20.8	6.6
2015	19.4	23.8	6.3	22.8	24.0	3.2
2016	18.1	22.7	6.2	24.3	22.9	5.1
2017	18.6	23.3	6.5	22.6	23.5	4.8
2018	19.0	23.1	7.1	17.8	23.5	8.6
2019	16.9	20.8	6.6	22	22.8	10.1

출처: 경찰청, 2011~2019년 범죄통계

위의 자료를 통해 여성 범죄자들은 남성과의 관계에서 발생하는 갈등 및 동기화에 따라서 범죄를 저지를 수 있다는 것을 알 수 있다. 범죄의 대상이 가족이거나 가까운 관계인 경우가 많다는 것을 알 수 있고, 살인 사건의 경우 범행의 대상은 가족, 지인이며 남편이 주 피해자로 나타난다. 결혼 및 동거 등을 통하여 여성은 남편, 동거인에게 많은 영향을 받으며 어떤 남성과 생활을 하고 있느냐가 범죄의 유형을 결정하기도 한다고 할 수 있다.

부록

1. 송치서

○○지방 검찰청 ○○지청 ○○○○ 지방검찰청	사건과장	20 ． ． ． 수리	주임검사	부장검사	차장검사	검사장

○ ○ 경 찰 서

제　　　　　　호　　　　　　　　　　　　　　　　20 ． ． ．

수 신 : ○○지방검찰청 ○○지청장(○○○○지방검찰청 검사장)

제 목 : **사 건 송 치**

　　　다음 사건을 송치합니다.

피　　　　의　　　　자	지문원지 작성번호	구속영장 청구번호	피의자 원표번호	통신사실 청구번호

죄　　명		
발각원인		수리전산입력
접　　수	20　년　월　일(제　　　호)	
구　　속	20　년　월　일(　　　)	
석　　방	20　년　월　일(　　　)	
의　　견		
증 거 품		
비　　고		

○ ○ 경 찰 서

　　　　　　　　사법경찰관　　　　　　　　㊞

2. 기록 목록

〔별지 제170호(갑) 서식〕　　　　　　　　　　　　　　〔집규 제51호(갑)〕

기　　록　　목　　록			
서　류　표　목	진 술 자	작성년월일	면수

3. 의견서

〔별지 제171호 서식〕

의 　견 　서

1. 피의자 인적사항

2. 범죄경력자료 및 수사경력자료

3. 범죄사실

4. 적용법조

5. 증거관계

6. 수사결과 및 의견

20 　. 　. 　.

○○경찰서

사법경찰관　　　　　　　㉑

○○지방검찰청 검사장 귀하

○ ○ 경 찰 서

제 호 년 월 일

수 신 : ○○지방검찰청 검사장 **발 신** :

제 목 : 의견서 사법경찰관 ㉙

피 의 자	
죄 명	
범 죄 사 실	별지와 같음
적 용 법 조	
전 과 및 검 찰 처 분 관 계	
의 견	기소의견

4. 피해자 참고인 진술조서

진 술 조 서

성 명 :	
주민등록번호 :	
직 업 :	(전화 :)
주 거 :	(전화 :)
등 록 기 준 지 :	
직 장 주 소 :	
연 락 처 :	(자택전화)　　　　　　　　　　　(휴대전화)
	(직장전화)　　　　　　　　　　　(전자우편)

위의 사람은 피의자 ○○○에 대한　　　피의사건에 관하여　　　년　　　월　　　일
경찰서　　　에 임의 출석하여 다음과 같이 진술하다.

---

1. 피의자와의 관계

　저는 피의자　　　　　　과(와)　　　　　　　　　　인 관계에 있습니다. (저는 피의자
과(와) 아무런 관계가 없습니다.)

1. 피의사실과 관계

　저는 피의사실과 관련하여 (피해자, 목격자, 참고인)의 자격으로서 출석하였습니다.

이때 사법경찰관(리)은 진술인　　　　　　　　를(을) 상대로 다음과 같이 문답을 하다.

문 : 사건당시 상황을 이야기 해보세요.

답 : 2020년 7월 대전시 서구＊＊공원을 걷고 있는데 뒤에 따라오던 남성이 갑자기——

5. 피신

피 의 자 신 문 조 서

피 의 자 :

위에 사람에 대한   피의사건에 관하여   년   월   일   경찰서 팀 사무실에서 사법경찰관   은(는) 사법경찰리   을(를) 참여하게 하고, 아래와 같이 피의자임에 틀림없음을 확인한다.

문   :   피의자의 성명, 주민등록번호, 직업, 주거, 등록기준지 등을 말하십시오.

답   :   성명은   (   )

         주민등록번호는

         직업은

         주거는   (/)

         등록기준지는

         직장주소는

         연락처는   자택번호   휴대번호

                    직장번호   전자우편
                                             (e-mail)

         입니다.

사법경찰관은 피의사건의 요지를 설명하고 사법경찰관의 신문에 대하여 형사소송법 제244조의3의 규정에 의하여 진술을 거부할 수 있는 권리 및 변호인의 참여 등 조력을 받을 권리가 있음을 피의자에게 알려주고 이를 행사할 것인지 그 의사를 확인한다.

6. 검증조서

〔별지 제99호 서식〕　　　　　　　　　　　　　　　　　　　　　　　〔집규 제49호〕

검 증 조 서

○○○외 ○명에 대한 ○○○○○○○○○ 피의사건에 관하여 　 . 　 . 　 .
00:00 ○○○○○○○에 임하여 사법경찰관 ○○ ○○○는(은) 사법 경찰리 ○○ ○○
○를(을) 참여하게 하고 다음과 같이 검증한다.

1. 검증의 장소(대상)

2. 검증의 목적

3. 검증의 참여인

4. 검증의 경위 및 결과

이 검증은 　 . 　 . 　 . 00:00에 시작하여 　 . 　 . 　 . 00:00에 끝나다.

　 . 　 . 　 . 　 .

○○○○ 경찰서
사법경찰관 ○○ ○○○ (인)
사법경찰리 ○○ ○○○ (인)

　　　　　　　　　　　　　　　　　　　　　　　여성과 범죄

7. 사건발생·검거보고

〔별지 제3호 서식〕

○ ○ 경 찰 서

제   호   년   월   일

수 신 :

제 목 : 사건발생·검거보고

다음과 같이 발생·검거하였기에 보고합니다.

1. 발 생 일 시 및 장 소	
2. 검 거 일 시 및 장 소	
3. 피 의 자 인 적 사 항	
4. 피 해 자 인 적 사 항	
5. 피 해 및 회 수 금 품	
6. 사 건 개 요	
7. 검 거 개 요	
8. 경 찰 의 조 치	
9. 건 의	
10. 발 생 및 검 거 관 서	

○ ○ 경 찰 서

사법경찰관   ㉑

8. 수사보고

〔별지 제2호 서식〕

○ ○ ○ ○ 경 찰 서

제 0000-0000 호   . . .

수 신 :

참 조 :

제 목 : 수사보고

피의자 ○○○외 ○명에 대한 ○○○○○○○○ 사건에 관하여
아래와 같이 수사하였기에 보고합니다.

- 아 래 -

경로	수사지휘 및 의견	구분	결재	일시

9. 압수목록

〔별지 제80호(갑) 서식〕   〔집규 제39호(갑)〕

번호	품종	수량	피압수자 주거·성명				소유자 주거·성명	경찰 의견	비고
			1	2	3	4			
			유류자	보관자	소지자	소유자			

가정폭력범죄의 처벌 등에 관한 특례법

[시행 2021. 1. 21]

[법률 제17499호, 2020. 10. 20, 일부개정]

개정이유

[일부개정]

◇ 개정이유

잇달아 발생하고 있는 가정폭력 사건으로 가정폭력피해자의 보호 강화와 가정폭력행위자에 대한 처벌강화 등 가정폭력 방지를 위한 대책 마련의 목소리가 높아지고 있음.

이와 관련하여 현행법은 가족폭력의 심각성을 가정 내 문제로 치부하여 방치하지 않고 사회가 적극적으로 개입함으로써 건강한 가정 육성 및 가정의 평화와 안정 회복을 도모하기 위하여 도입되었음에도 불구하고 가정폭력의 예방과 피해자보호에 미흡한 측면이 있다는 지적이 있는바, 일부 미비점을 개선·보완하려는 것임.

◇ 주요내용

　가. 가정폭력범죄에 「형법」의 주거침입죄와 퇴거불응죄 및 「성폭력범죄의 처벌 등에 관한 특례법」의 카메라 등을 이용한 촬영범죄 등을 추가함(제2조제3호).

　나. 법원은 가정폭력행위자에 대하여 유죄판결을 선고하거나 약식

명령을 고지하는 경우에는 수강명령 또는 가정폭력 치료프로그램의 이수명령을 병과할 수 있도록 하고, 이수명령을 부과받은 사람이 그 이행에 관한 지시에 불응한 경우 형사처벌함(제3조의 2 및 제63조제4항 신설).

다. 진행 중인 가정폭력범죄에 대하여 신고를 받은 사법경찰관리의 응급조치 사항에 현행범인의 체포를 명시하고, 피해자에게 피해자보호명령 또는 신변안전조치를 청구할 수 있음을 고지하도록 함(제5조).

라. 판사가 가정보호사건의 원활한 조사·심리 또는 피해자 보호를 위하여 결정으로 할 수 있는 임시조치 중 접근금지 조치를 특정 장소가 아닌 '피해자 또는 가정구성원으로부터 100미터 이내'에 대해서도 가능하도록 하고, 임시조치에 상담소 등에의 상담위탁을 추가함(제29조).

마. 검사도 피해자보호명령의 청구 등을 할 수 있도록 하고, 피해자보호명령 중 접근금지를 특정 장소가 아닌 '피해자 또는 가정구성원으로부터 100미터 이내'에 대해서도 가능하도록 하며, 피해자보호명령에 면접교섭권행사의 제한을 추가하는 한편, 피해자보호명령의 기간 및 합산 처분기간을 연장함(제55조의2, 제55조의3 및 제55조의8).

바. 접근금지 등의 임시조치 위반 시 징역, 벌금 또는 구류에 처하도록 함(제63조제2항 신설, 현행 제65조제4호 삭제).

⦿법률 제17499호

가정폭력범죄의 처벌 등에 관한 특례법 일부개정법률

가정폭력범죄의 처벌 등에 관한 특례법 일부를 다음과 같이 개정한다.

제2조제3호사목 중 "죄 중 제321조(주거·신체 수색)의 죄"를 "죄"로 하고, 같은 호 차목 중 "제366조(재물손괴등)의 죄"를 "제366조(재물손괴등) 및 제369조(특수손괴)제1항의 죄"로 하며, 같은 호 카목을 파목으로 하고, 같은 호에 카목 및 타목을 각각 다음과 같이 신설하며, 같은 호 파목(종전의 카목) 중 "차목"을 "타목"으로 한다.

      카.「성폭력범죄의 처벌 등에 관한 특례법」제14조(카메라 등을 이용한 촬영) 및 제15조(미수범)(제14조의 죄에만 해당한다)의 죄

      타.「정보통신망 이용촉진 및 정보보호 등에 관한 법률」제74조제1항제3호의 죄

제1장에 제3조의2를 다음과 같이 신설한다.

제3조의2(형벌과 수강명령 등의 병과) ① 법원은 가정폭력행위자에 대하여 유죄판결(선고유예는 제외한다)을 선고하거나 약식명령을 고지하는 경우에는 200시간의 범위에서 재범예방에 필요한 수강명령(「보호관찰 등에 관한 법률」에 따른 수강명령을 말한다. 이하 같다) 또는 가정폭력 치료프로그램의 이수명령(이하 "이수명령"이라 한다)을 병과할 수 있다.

② 가정폭력행위자에 대하여 제1항의 수강명령은 형의 집행을 유예할 경우에 그 집행유예기간 내에서 병과하고, 이수명령은 징역형의 실형 또는 벌금형을 선고하거나 약식명령을 고지할 경우에 병과한다.

③ 법원이 가정폭력행위자에 대하여 형의 집행을 유예하는 경우에는 제1항에 따른 수강명령 외에 그 집행유예기간 내에서 보호관찰 또는 사회봉사 중 하나 이상의 처분을 병과할 수 있다.

④ 제1항에 따른 수강명령 또는 이수명령은 형의 집행을 유예할 경우에는 그 집행유예기간 내에, 징역형의 실형을 선고할 경우에는 형기 내에, 벌금형을 선고하거나 약식명령을 고지할 경우에는 형 확정일부터 6개월 이내에 각각 집행한다.

⑤ 제1항에 따른 수강명령 또는 이수명령이 형의 집행유예 또는 벌금형과 병과된 경우에는 보호관찰소의 장이 집행하고, 징역형의 실형과 병과된 경우에는 교정시설의 장이 집행한다. 다만, 징역형의 실형과 병과된 이수명령을 모두 이행하기 전에 석방 또는 가석방되거나 미결구금일수 산입 등의 사유로 형을 집행할 수 없게 된 경우에는 보호관찰소의 장이 남은 이수명령을 집행한다.

⑥ 제1항에 따른 수강명령 또는 이수명령은 다음 각 호의 내용으로 한다.

　1. 가정폭력 행동의 진단·상담

　2. 가정구성원으로서의 기본 소양을 갖추게 하기 위한 교육

　3. 그 밖에 가정폭력행위자의 재범예방을 위하여 필요한 사항

⑦ 형벌과 병과하는 보호관찰, 사회봉사, 수강명령 및 이수명령에 관하여 이 법에서 규정한 사항 외에는 「보호관찰 등에 관한 법률」을 준용한다.

제5조제1호 중 "분리 및 범죄수사"를 "분리"로 하고, 같은 조에 제1호의2 및 제5호를 각각 다음과 같이 신설한다.

1의2. 「형사소송법」 제212조에 따른 현행범인의 체포 등 범죄수사

5. 제55조의2에 따른 피해자보호명령 또는 신변안전조치를 청구할 수 있음을 고지

제29조제1항제2호 중 "가정구성원의 주거, 직장"을 "가정구성원이나 그 주거·직장"으로 하고, 같은 항에 제6호를 다음과 같이 신설하며, 같은 조 제5항 본문 및 단서 중 "제4호 및 제5호"를 각각 "제4호부터 제6호까지"로 하고, 같은 조 제8항부터 제11항까지를 각각 제9항부터 제12항까지로 하며, 같은 조에 제8항을 다음과 같이 신설하고, 같은 조 제11항(종전의 제10항) 중 "제9항"을 "제10항"으로 하며, 같은 조 제12항(종전의 제11항) 중 "제1항제4호"를 "제1항제4호 및 제6호"로, "의료기관 및 요양소"를 "의료기관, 요양소 및 상담소등"으로 한다.

6. 상담소등에의 상담위탁

⑧ 제1항제6호에 따른 상담을 한 상담소등의 장은 그 결과보고서를 판사와 검사에게 제출하여야 한다.

제55조의2제1항 각 호 외의 부분 중 "피해자 또는 그 법정대리인"을 "피해자, 그 법정대리인 또는 검사"로 하고, 같은 항 제2호 중 "가정구성원의 주거, 직장"을 "가정구성원이나 그 주거·직장"으로 하며, 같은 항에 제5호를 다음과 같이 신설하고, 같은 조 제3항 중 "피해자 또는 그 법정대리인은"을 "피해자, 그 법정대리인 또는 검사는"으로 한다.

5. 가정폭력행위자의 피해자에 대한 면접교섭권행사의 제한

제55조의3제1항 본문 중 "6개월"을 "1년"으로 하고, 같은 항 단서 중 "피해자 또는 그 법정대리인"을 "피해자, 그 법정대리인 또는 검사"로 하며, 같은 조 제2항 중 "2년"을 "3년"으로 한다.

제55조의8제1항 본문 중 "때에는 피해자"를 "때에는 검사, 피해자"로 하고, 같은 조 제2항 전단 중 "피해자 또는 그 법정대리인은"을 "피해자, 그 법정대리인 또는 검사는"으로 한다.

제63조제2항을 제3항으로 하고, 같은 조에 제2항 및 제4항을 각각 다음과 같이 신설하며, 같은 조 제3항(종전의 제2항) 중 "제1항"을 "제1항 및 제2항"으로 한다.

② 정당한 사유 없이 제29조제1항제1호부터 제3호까지의 어느 하나에 해당하는 임시조치를 이행하지 아니한 가정폭력행위자는 1년 이하의 징역 또는 1천만원 이하의 벌금 또는 구류에 처한다.

④ 제3조의2제1항에 따라 이수명령을 부과받은 사람이 보호관찰소의 장 또는 교정시설의 장의 이수명령 이행에 관한 지시에 불응하여 「보호관찰 등에 관한 법률」 또는 「형의 집행 및 수용자의 처우에 관한 법률」에 따른 경고를 받은 후 재차 정당한 사유 없이 이수명령 이행에 관한 지시에 불응한 경우 다음 각 호에 따른다.

1. 벌금형과 병과된 경우에는 500만원 이하의 벌금에 처한다.
2. 징역형의 실형과 병과된 경우에는 1년 이하의 징역 또는 1천만원 이하의 벌금에 처한다.

성폭력범죄의 처벌 등에 관한 특례법 약칭 : 성폭력처벌법

법률 제17507호 일부개정 2020. 10. 20.

제1장 총칙

제1조(목적) 판례

이 법은 성폭력범죄의 처벌 및 그 절차에 관한 특례를 규정함으로써 성폭력범죄 피해자의 생명과 신체의 안전을 보장하고 건강한 사회질서의 확립에 이바지함을 목적으로 한다.

제2조(정의) 판례

① 이 법에서 "성폭력범죄"란 다음 각 호의 어느 하나에 해당하는 죄를 말한다. [개정 2013.4.5 제11731호(형법), 2016.12.20]

1. 「형법」 제2편제22장 성풍속에 관한 죄 중 제242조(음행매개), 제243조(음화반포등), 제244조(음화제조등) 및 제245조(공연음란)의 죄

2. 「형법」 제2편제31장 약취(略取), 유인(誘引) 및 인신매매의 죄 중 추행, 간음 또는 성매매와 성적 착취를 목적으로 범한 제288조 또는 추행, 간음 또는 성매매와 성적 착취를 목적으로 범한 제289조, 제290조(추행, 간음 또는 성매매와 성적 착취를 목적으로 제288조 또는 추행, 간음 또는 성매매와 성적 착취를 목적으로 제289조의 죄를

범하여 약취, 유인, 매매된 사람을 상해하거나 상해에 이르게 한 경우에 한 정한다), 제291조(추행, 간음 또는 성매매와 성적 착취를 목적으로 제288 조 또는 추행, 간음 또는 성매매와 성적 착취를 목적으로 제289조의 죄를 범하여 약취, 유인, 매매된 사람을 살해하거나 사망에 이르게 한 경우에 한 정한다), 제292조[추행, 간음 또는 성매매와 성적 착취를 목적으 로 한 제288조 또는 추행, 간음 또는 성매매와 성적 착취를 목 적으로 한 제289조의 죄로 약취, 유인, 매매된 사람을 수수(授 受) 또는 은닉한 죄, 추행, 간음 또는 성매매와 성적 착취를 목 적으로 한 제288조 또는 추행, 간음 또는 성매매와 성적 착취를 목적으로 한 제289조의 죄를 범할 목적으로 사람을 모집, 운송, 전달한 경우에 한정한다] 및 제294조(추행, 간음 또는 성매매와 성 적 착취를 목적으로 범한 제288조의 미수범 또는 추행, 간음 또는 성매매 와 성적 착취를 목적으로 범한 제289조의 미수범, 추행, 간음 또는 성매매 와 성적 착취를 목적으로 제288조 또는 추행, 간음 또는 성매매와 성적 착 취를 목적으로 제289조의 죄를 범하여 발생한 제290조제1항의 미수범 또 는 추행, 간음 또는 성매매와 성적 착취를 목적으로 제288조 또는 추행, 간 음 또는 성매매와 성적 착취를 목적으로 제289조의 죄를 범하여 발생한 제 291조제1항의 미수범 및 제292조제1항의 미수범 중 추행, 간음 또는 성매 매와 성적 착취를 목적으로 약취, 유인, 매매된 사람을 수수, 은닉한 죄의 미수범으로 한정한다)의 죄

3. 「형법」 제2편제32장 강간과 추행의 죄 중 제297조(강간), 제297 조의2(유사강간), 제298조(강제추행), 제299조(준강간, 준강제추행), 제300조(미수범), 제301조(강간등 상해·치상), 제301조의2(강간등 살 인·치사), 제302조(미성년자등에 대한 간음), 제303조(업무상위력등에 의한 간음) 및 제305조(미성년자에 대한 간음, 추행)의 죄

4.「형법」제339조(강도강간)의 죄 및 제342조(제339조의 미수범으로
   한정한다)의 죄

5. 이 법 제3조(특수강도강간 등)부터 제15조(미수범)까지의 죄

② 제1항 각 호의 범죄로서 다른 법률에 따라 가중처벌되는 죄는 성폭
   력범죄로 본다.

관련 행정규칙

제2장 성폭력범죄의 처벌 및 절차에 관한 특례

제3조(특수강도강간 등) 판례

①「형법」제319조제1항(주거침입), 제330조(야간주거침입절도), 제331조
   (특수절도) 또는 제342조(미수범. 다만, 제330조 및 제331조의 미수범으
   로 한정한다)의 죄를 범한 사람이 같은 법 제297조(강간), 제297조의
   2(유사강간), 제298조(강제추행) 및 제299조(준강간, 준강제추행)의 죄
   를 범한 경우에는 무기징역 또는 7년 이상의 징역에 처한다. [개정
   2020.5.19]

②「형법」제334조(특수강도) 또는 제342조(미수범. 다만, 제334조의 미수범
   으로 한정한다)의 죄를 범한 사람이 같은 법 제297조(강간), 제297조
   의2(유사강간), 제298조(강제추행) 및 제299조(준강간, 준강제추행)의 죄
   를 범한 경우에는 사형, 무기징역 또는 10년 이상의 징역에 처한다.

관련 행정규칙

여성과 범죄

제4조(특수강간 등) 판례

① 흉기나 그 밖의 위험한 물건을 지닌 채 또는 2명 이상이 합동하여 「형법」 제297조(강간)의 죄를 범한 사람은 무기징역 또는 7년 이상의 징역에 처한다. [개정 2020.5.19]

② 제1항의 방법으로 「형법」 제298조(강제추행)의 죄를 범한 사람은 5년 이상의 유기징역에 처한다. [개정 2020.5.19]

③ 제1항의 방법으로 「형법」 제299조(준강간, 준강제추행)의 죄를 범한 사람은 제1항 또는 제2항의 예에 따라 처벌한다.

제5조(친족관계에 의한 강간 등) 판례

① 친족관계인 사람이 폭행 또는 협박으로 사람을 강간한 경우에는 7년 이상의 유기징역에 처한다.

② 친족관계인 사람이 폭행 또는 협박으로 사람을 강제추행한 경우에는 5년 이상의 유기징역에 처한다.

③ 친족관계인 사람이 사람에 대하여 「형법」 제299조(준강간, 준강제추행)의 죄를 범한 경우에는 제1항 또는 제2항의 예에 따라 처벌한다.

④ 제1항부터 제3항까지의 친족의 범위는 4촌 이내의 혈족·인척과 동거하는 친족으로 한다.

⑤ 제1항부터 제3항까지의 친족은 사실상의 관계에 의한 친족을 포함한다.

제6조(장애인에 대한 강간·강제추행 등) 판례

① 신체적인 또는 정신적인 장애가 있는 사람에 대하여 「형법」 제297조(강간)의 죄를 범한 사람은 무기징역 또는 7년 이상의 징역에 처한다.

② 신체적인 또는 정신적인 장애가 있는 사람에 대하여 폭행이나 협박으로 다음 각 호의 어느 하나에 해당하는 행위를 한 사람은 5년 이상의 유기징역에 처한다.

   1. 구강·항문 등 신체(성기는 제외한다)의 내부에 성기를 넣는 행위

   2. 성기·항문에 손가락 등 신체(성기는 제외한다)의 일부나 도구를 넣는 행위

③ 신체적인 또는 정신적인 장애가 있는 사람에 대하여 「형법」 제298조(강제추행)의 죄를 범한 사람은 3년 이상의 유기징역 또는 3천만원 이상 5천만원 이하의 벌금에 처한다. [개정 2020.5.19]

④ 신체적인 또는 정신적인 장애로 항거불능 또는 항거곤란 상태에 있음을 이용하여 사람을 간음하거나 추행한 사람은 제1항부터 제3항까지의 예에 따라 처벌한다.

⑤ 위계(僞計) 또는 위력(威力)으로써 신체적인 또는 정신적인 장애가 있는 사람을 간음한 사람은 5년 이상의 유기징역에 처한다.

⑥ 위계 또는 위력으로써 신체적인 또는 정신적인 장애가 있는 사람을 추행한 사람은 1년 이상의 유기징역 또는 1천만원 이상 3천만원 이하의 벌금에 처한다.

⑦ 장애인의 보호, 교육 등을 목적으로 하는 시설의 장 또는 종사자가 보호, 감독의 대상인 장애인에 대하여 제1항부터 제6항까지의 죄를 범한 경우에는 그 죄에 정한 형의 2분의 1까지 가중한다.

제7조(13세 미만의 미성년자에 대한 강간, 강제추행 등) 판례문헌

① 13세 미만의 사람에 대하여 「형법」 제297조(강간)의 죄를 범한 사람은 무기징역 또는 10년 이상의 징역에 처한다.

② 13세 미만의 사람에 대하여 폭행이나 협박으로 다음 각 호의 어느 하나에 해당하는 행위를 한 사람은 7년 이상의 유기징역에 처한다.

  1. 구강·항문 등 신체(성기는 제외한다)의 내부에 성기를 넣는 행위

  2. 성기·항문에 손가락 등 신체(성기는 제외한다)의 일부나 도구를 넣는 행위

③ 13세 미만의 사람에 대하여 「형법」 제298조(강제추행)의 죄를 범한 사람은 5년 이상의 유기징역에 처한다. [개정 2020.5.19]

④ 13세 미만의 사람에 대하여 「형법」 제299조(준강간, 준강제추행)의 죄를 범한 사람은 제1항부터 제3항까지의 예에 따라 처벌한다.

⑤ 위계 또는 위력으로써 13세 미만의 사람을 간음하거나 추행한 사람은 제1항부터 제3항까지의 예에 따라 처벌한다.

제8조(강간 등 상해·치상) 판례

① 제3조제1항, 제4조, 제6조, 제7조 또는 제15조(제3조제1항, 제4조, 제6조 또는 제7조의 미수범으로 한정한다)의 죄를 범한 사람이 다른 사람을 상해하거나 상해에 이르게 한 때에는 무기징역 또는 10년 이상의 징역에 처한다.

② 제5조 또는 제15조(제5조의 미수범으로 한정한다)의 죄를 범한 사람이 다른 사람을 상해하거나 상해에 이르게 한 때에는 무기징역 또는 7년 이상의 징역에 처한다.

관련 행정규칙

제9조(강간 등 살인·치사) 판례

① 제3조부터 제7조까지, 제15조(제3조부터 제7조까지의 미수범으로 한정한다)의 죄 또는 「형법」 제297조(강간), 제297조의2(유사강간) 및 제298조(강제추행)부터 제300조(미수범)까지의 죄를 범한 사람이 다른 사람을 살해한 때에는 사형 또는 무기징역에 처한다.

② 제4조, 제5조 또는 제15조(제4조 또는 제5조의 미수범으로 한정한다)의 죄를 범한 사람이 다른 사람을 사망에 이르게 한 때에는 무기징역 또는 10년 이상의 징역에 처한다.

③ 제6조, 제7조 또는 제15조(제6조 또는 제7조의 미수범으로 한정한다)의 죄를 범한 사람이 다른 사람을 사망에 이르게 한 때에는 사형, 무기징역 또는 10년 이상의 징역에 처한다.

관련 행정규칙

제10조(업무상 위력 등에 의한 추행) 판례문헌

① 업무, 고용이나 그 밖의 관계로 인하여 자기의 보호, 감독을 받는 사람에 대하여 위계 또는 위력으로 추행한 사람은 3년 이하의 징역 또는 1천500만원 이하의 벌금에 처한다. [개정 2018.10.16]

② 법률에 따라 구금된 사람을 감호하는 사람이 그 사람을 추행한 때에는 5년 이하의 징역 또는 2천만원 이하의 벌금에 처한다. [개정 2018.10.16.]

여성과 범죄

관련 행정규칙

제11조(공중 밀집 장소에서의 추행) 판례문헌

대중교통수단, 공연·집회 장소, 그 밖에 공중(公衆)이 밀집하는 장소에서 사람을 추행한 사람은 3년 이하의 징역 또는 3천만원 이하의 벌금에 처한다. [개정 2020.5.19]

제12조(성적 목적을 위한 다중이용장소 침입행위) 판례문헌

자기의 성적 욕망을 만족시킬 목적으로 화장실, 목욕장·목욕실 또는 발한실(發汗室), 모유수유시설, 탈의실 등 불특정 다수가 이용하는 다중이용장소에 침입하거나 같은 장소에서 퇴거의 요구를 받고 응하지 아니하는 사람은 1년 이하의 징역 또는 1천만원 이하의 벌금에 처한다. [개정 2017.12.12, 2020.5.19]

제13조(통신매체를 이용한 음란행위) 판례문헌

자기 또는 다른 사람의 성적 욕망을 유발하거나 만족시킬 목적으로 전화, 우편, 컴퓨터, 그 밖의 통신매체를 통하여 성적 수치심이나 혐오감을 일으키는 말, 음향, 글, 그림, 영상 또는 물건을 상대방에게 도달하게 한 사람은 2년 이하의 징역 또는 2천만원 이하의 벌금에 처한다. [개정 2020.5.19]

제14조(카메라 등을 이용한 촬영) 판례문헌

① 카메라나 그 밖에 이와 유사한 기능을 갖춘 기계장치를 이용하여 성적 욕망 또는 수치심을 유발할 수 있는 사람의 신체를 촬영대상자의 의사에 반하여 촬영한 자는 7년 이하의 징역 또는 5천만원 이하의 벌금에 처한다. [개정 2018.12.18, 2020.5.19]

② 제1항에 따른 촬영물 또는 복제물(복제물의 복제물을 포함한다. 이하 이 조에서 같다)을 반포·판매·임대·제공 또는 공공연하게 전시·상영(이하 "반포등"이라 한다)한 자 또는 제1항의 촬영이 촬영 당시에는 촬영대상자의 의사에 반하지 아니한 경우(자신의 신체를 직접 촬영한 경우를 포함한다)에도 사후에 그 촬영물 또는 복제물을 촬영대상자의 의사에 반하여 반포등을 한 자는 7년 이하의 징역 또는 5천만원 이하의 벌금에 처한다. [개정 2018.12.18, 2020.5.19]

③ 영리를 목적으로 촬영대상자의 의사에 반하여 「정보통신망 이용촉진 및 정보보호 등에 관한 법률」 제2조제1항제1호의 정보통신망(이하 "정보통신망"이라 한다)을 이용하여 제2항의 죄를 범한 자는 3년 이상의 유기징역에 처한다. [개정 2018.12.18, 2020.5.19]

④ 제1항 또는 제2항의 촬영물 또는 복제물을 소지·구입·저장 또는 시청한 자는 3년 이하의 징역 또는 3천만원 이하의 벌금에 처한다. [신설 2020.5.19]

⑤ 상습으로 제1항부터 제3항까지의 죄를 범한 때에는 그 죄에 정한 형의 2분의 1까지 가중한다. [신설 2020.5.19]

관련 행정규칙

제14조의2(허위영상물 등의 반포등) 판례문헌

① 반포등을 할 목적으로 사람의 얼굴·신체 또는 음성을 대상으로 한 촬영물·영상물 또는 음성물(이하 이 조에서 "영상물등"이라 한다)을 영상물등의 대상자의 의사에 반하여 성적 욕망 또는 수치심을 유발할 수 있는 형태로 편집·합성 또는 가공(이하 이 조에서 "편집등"이라 한다)한 자는 5년 이하의 징역 또는 5천만원 이하의 벌금에 처한다.

② 제1항에 따른 편집물·합성물·가공물(이하 이 항에서 "편집물등"이라 한다) 또는 복제물(복제물의 복제물을 포함한다. 이하 이 항에서 같다)을 반포등을 한 자 또는 제1항의 편집등을 할 당시에는 영상물등의 대상자의 의사에 반하지 아니한 경우에도 사후에 그 편집물등 또는 복제물을 영상물등의 대상자의 의사에 반하여 반포등을 한 자는 5년 이하의 징역 또는 5천만원 이하의 벌금에 처한다.

③ 영리를 목적으로 영상물등의 대상자의 의사에 반하여 정보통신망을 이용하여 제2항의 죄를 범한 자는 7년 이하의 징역에 처한다.

④ 상습으로 제1항부터 제3항까지의 죄를 범한 때에는 그 죄에 정한 형의 2분의 1까지 가중한다. [신설 2020.5.19] [[시행일 2020.6.25]]

제14조의3(촬영물 등을 이용한 협박·강요)

① 성적 욕망 또는 수치심을 유발할 수 있는 촬영물 또는 복제물(복제물의 복제물을 포함한다)을 이용하여 사람을 협박한 자는 1년 이상의 유기징역에 처한다.

② 제1항에 따른 협박으로 사람의 권리행사를 방해하거나 의무 없는 일을 하게 한 자는 3년 이상의 유기징역에 처한다.

③상습으로 제1항 및 제2항의 죄를 범한 경우에는 그 죄에 정한 형의 2분의 1까지 가중한다.

[본조신설 2020.5.19]

제15조(미수범) 판례

제3조부터 제9조까지, 제14조, 제14조의2 및 제14조의3의 미수범은 처벌한다.

제15조의2(예비, 음모)

제3조부터 제7조까지의 죄를 범할 목적으로 예비 또는 음모한 사람은 3년 이하의 징역에 처한다.

제16조(형벌과 수강명령 등의 병과) 판례문헌벌칙

① 법원이 성폭력범죄를 범한 사람에 대하여 형의 선고를 유예하는 경우에는 1년 동안 보호관찰을 받을 것을 명할 수 있다. 다만, 성폭력범죄를 범한 「소년법」 제2조에 따른 소년에 대하여 형의 선고를 유예하는 경우에는 반드시 보호관찰을 명하여야 한다.

② 법원이 성폭력범죄를 범한 사람에 대하여 유죄판결(선고유예는 제외한다)을 선고하거나 약식명령을 고지하는 경우에는 500시간의 범위에서 재범예방에 필요한 수강명령 또는 성폭력 치료프로그램의 이수명령(이하 "이수명령"이라 한다)을 병과하여야 한다. 다만, 수강명령 또는 이수명령을 부과할 수 없는 특별한 사정이 있는 경우에는 그러하지 아니하다. [개정 2016.12.20]

③ 성폭력범죄를 범한 자에 대하여 제2항의 수강명령은 형의 집행을 유예할 경우에 그 집행유예기간 내에서 병과하고, 이수명령은 벌금 이상의 형을 선고하거나 약식명령을 고지할 경우에 병과한다. 다만, 이수명령은 성폭력범죄자가 「전자장치 부착 등에 관한 법률」 제9조의2제1항제4호에 따른 이수명령을 부과받은 경우에는 병과하지 아니한다. [개정 2016.12.20, 2020.2.4 제16923호(전자장치 부착 등에 관한 법률)] [[시행일 2020.8.5]]

④ 법원이 성폭력범죄를 범한 사람에 대하여 형의 집행을 유예하는 경우에는 제2항에 따른 수강명령 외에 그 집행유예기간 내에서 보호관찰 또는 사회봉사 중 하나 이상의 처분을 병과할 수 있다.

　　　　　　　　　　　　　　　　　　여성과 범죄

⑤ 제2항에 따른 수강명령 또는 이수명령은 형의 집행을 유예할 경우에는 그 집행유예기간 내에, 벌금형을 선고하거나 약식명령을 고지할 경우에는 형 확정일부터 6개월 이내에, 징역형 이상의 실형(實刑)을 선고할 경우에는 형기 내에 각각 집행한다. 다만, 수강명령 또는 이수명령은 성폭력범죄를 범한 사람이 「아동·청소년의 성보호에 관한 법률」 제21조에 따른 수강명령 또는 이수명령을 부과받은 경우에는 병과하지 아니한다. [개정 2016.12.20]

⑥ 제2항에 따른 수강명령 또는 이수명령이 벌금형 또는 형의 집행유예와 병과된 경우에는 보호관찰소의 장이 집행하고, 징역형 이상의 실형과 병과된 경우에는 교정시설의 장이 집행한다. 다만, 징역형 이상의 실형과 병과된 이수명령을 모두 이행하기 전에 석방 또는 가석방되거나 미결구금일수 산입 등의 사유로 형을 집행할 수 없게 된 경우에는 보호관찰소의 장이 남은 이수명령을 집행한다.

⑦ 제2항에 따른 수강명령 또는 이수명령은 다음 각 호의 내용으로 한다.

1. 일탈적 이상행동의 진단·상담

2. 성에 대한 건전한 이해를 위한 교육

3. 그 밖에 성폭력범죄를 범한 사람의 재범예방을 위하여 필요한 사항

⑧ 성폭력범죄를 범한 사람으로서 형의 집행 중에 가석방된 사람은 가석방기간 동안 보호관찰을 받는다. 다만, 가석방을 허가한 행정관청이 보호관찰을 할 필요가 없다고 인정한 경우에는 그러하지 아니하다.

⑨ 보호관찰, 사회봉사, 수강명령 및 이수명령에 관하여 이 법에서 규정한 사항 외의 사항에 대하여는 「보호관찰 등에 관한 법률」을 준용한다.

제17조(판결 전 조사) 판례

① 법원은 성폭력범죄를 범한 피고인에 대하여 제16조에 따른 보호관
찰, 사회봉사, 수강명령 또는 이수명령을 부과하기 위하여 필요하
다고 인정하면 그 법원의 소재지 또는 피고인의 주거지를 관할하는
보호관찰소의 장에게 피고인의 신체적·심리적 특성 및 상태, 정신
성적 발달과정, 성장배경, 가정환경, 직업, 생활환경, 교우관계, 범
행동기, 병력(病歷), 피해자와의 관계, 재범위험성 등 피고인에 관한
사항의 조사를 요구할 수 있다.

② 제1항의 요구를 받은 보호관찰소의 장은 지체 없이 이를 조사하여
서면으로 해당 법원에 알려야 한다. 이 경우 필요하다고 인정하면
피고인이나 그 밖의 관계인을 소환하여 심문하거나 소속 보호관찰
관에게 필요한 사항을 조사하게 할 수 있다.

③ 법원은 제1항의 요구를 받은 보호관찰소의 장에게 조사진행상황에
관한 보고를 요구할 수 있다.

제18조(고소 제한에 대한 예외) 판례

성폭력범죄에 대하여는 「형사소송법」 제224조(고소의 제한) 및 「군사법
원법」 제266조에도 불구하고 자기 또는 배우자의 직계존속을 고소할 수
있다. [개정 2013.4.5] [[시행일 2013.6.19]]

제20조(「형법」상 감경규정에 관한 특례) 판례

음주 또는 약물로 인한 심신장애 상태에서 성폭력범죄(제2조제1항제1호
의 죄는 제외한다)를 범한 때에는 「형법」 제10조제1항·제2항 및 제11조를
적용하지 아니할 수 있다.

제21조(공소시효에 관한 특례) 판례문헌

① 미성년자에 대한 성폭력범죄의 공소시효는 「형사소송법」 제252조 제1항 및 「군사법원법」 제294조제1항에도 불구하고 해당 성폭력범죄로 피해를 당한 미성년자가 성년에 달한 날부터 진행한다. [개정 2013.4.5] [[시행일 2013.6.19]]

② 제2조제3호 및 제4호의 죄와 제3조부터 제9조까지의 죄는 디엔에이(DNA)증거 등 그 죄를 증명할 수 있는 과학적인 증거가 있는 때에는 공소시효가 10년 연장된다.

③ 13세 미만의 사람 및 신체적인 또는 정신적인 장애가 있는 사람에 대하여 다음 각 호의 죄를 범한 경우에는 제1항과 제2항에도 불구하고 「형사소송법」 제249조부터 제253조까지 및 「군사법원법」 제291조부터 제295조까지에 규정된 공소시효를 적용하지 아니한다. [개정 2019.8.20, 2020.5.19] [[시행일 2020.11.20]]

  1. 「형법」 제297조(강간), 제298조(강제추행), 제299조(준강간, 준강제추행), 제301조(강간등 상해·치상), 제301조의2(강간등 살인·치사) 또는 제305조(미성년자에 대한 간음, 추행)의 죄

  2. 제6조제2항, 제7조제2항 및 제5항, 제8조, 제9조의 죄

  3. 「아동·청소년의 성보호에 관한 법률」 제9조 또는 제10조의 죄

④ 다음 각 호의 죄를 범한 경우에는 제1항과 제2항에도 불구하고 「형사소송법」 제249조부터 제253조까지 및 「군사법원법」 제291조부터 제295조까지에 규정된 공소시효를 적용하지 아니한다. [개정 2013.4.5] [[시행일 2013.6.19]]

  1. 「형법」 제301조의2(강간등 살인·치사)의 죄(강간등 살인에 한정한다)

  2. 제9조제1항의 죄

3. 「아동·청소년의 성보호에 관한 법률」 제10조제1항의 죄

4. 「군형법」 제92조의8의 죄(강간 등 살인에 한정한다)

제22조(「특정강력범죄의 처벌에 관한 특례법」의 준용) 판례

성폭력범죄에 대한 처벌절차에는 「특정강력범죄의 처벌에 관한 특례법」 제7조(증인에 대한 신변안전조치), 제8조(출판물 게재 등으로부터의 피해자 보호), 제9조(소송 진행의 협의), 제12조(간이공판절차의 결정) 및 제13조(판결 선고)를 준용한다.

제23조(피해자, 신고인 등에 대한 보호조치) 판례문헌

법원 또는 수사기관이 성폭력범죄의 피해자, 성폭력범죄를 신고(고소·고발을 포함한다)한 사람을 증인으로 신문하거나 조사하는 경우에는 「특정범죄신고자 등 보호법」 제5조 및 제7조부터 제13조까지의 규정을 준용한다. 이 경우 「특정범죄신고자 등 보호법」 제9조와 제13조를 제외하고는 보복을 당할 우려가 있음을 요하지 아니한다.

관련 행정규칙

제24조(피해자의 신원과 사생활 비밀 누설 금지) 판례벌칙

① 성폭력범죄의 수사 또는 재판을 담당하거나 이에 관여하는 공무원 또는 그 직에 있었던 사람은 피해자의 주소, 성명, 나이, 직업, 학교, 용모, 그 밖에 피해자를 특정하여 파악할 수 있게 하는 인적사항과 사진 등 또는 그 피해자의 사생활에 관한 비밀을 공개하거나 다른 사람에게 누설하여서는 아니 된다.

② 누구든지 제1항에 따른 피해자의 주소, 성명, 나이, 직업, 학교, 용모, 그 밖에 피해자를 특정하여 파악할 수 있는 인적사항이나 사진 등을 피해자의 동의를 받지 아니하고 신문 등 인쇄물에 싣거나 「방송법」 제2조제1호에 따른 방송 또는 정보통신망을 통하여 공개하여서는 아니 된다.

관련 행정규칙

제25조(피의자의 얼굴 등 공개) 판례

① 검사와 사법경찰관은 성폭력범죄의 피의자가 죄를 범하였다고 믿을 만한 충분한 증거가 있고, 국민의 알권리 보장, 피의자의 재범방지 및 범죄예방 등 오로지 공공의 이익을 위하여 필요할 때에는 얼굴, 성명 및 나이 등 피의자의 신상에 관한 정보를 공개할 수 있다. 다만, 피의자가 「청소년 보호법」 제2조제1호의 청소년에 해당하는 경우에는 공개하지 아니한다.

② 제1항에 따라 공개를 할 때에는 피의자의 인권을 고려하여 신중하게 결정하고 이를 남용하여서는 아니 된다.

관련 행정규칙

제26조(성폭력범죄의 피해자에 대한 전담조사제) 판례문헌

① 검찰총장은 각 지방검찰청 검사장으로 하여금 성폭력범죄 전담 검사를 지정하도록 하여 특별한 사정이 없으면 이들로 하여금 피해자를 조사하게 하여야 한다.

② 경찰청장은 각 경찰서장으로 하여금 성폭력범죄 전담 사법경찰관을 지정하도록 하여 특별한 사정이 없으면 이들로 하여금 피해자를 조사하게 하여야 한다.

③ 국가는 제1항의 검사 및 제2항의 사법경찰관에게 성폭력범죄의 수사에 필요한 전문지식과 피해자보호를 위한 수사방법 및 수사절차 등에 관한 교육을 실시하여야 한다.

제27조(성폭력범죄 피해자에 대한 변호사 선임의 특례) 판례문헌

① 성폭력범죄의 피해자 및 그 법정대리인(이하 "피해자등"이라 한다)은 형사절차상 입을 수 있는 피해를 방어하고 법률적 조력을 보장하기 위하여 변호사를 선임할 수 있다.

② 제1항에 따른 변호사는 검사 또는 사법경찰관의 피해자등에 대한 조사에 참여하여 의견을 진술할 수 있다. 다만, 조사 도중에는 검사 또는 사법경찰관의 승인을 받아 의견을 진술할 수 있다.

③ 제1항에 따른 변호사는 피의자에 대한 구속 전 피의자심문, 증거보전절차, 공판준비기일 및 공판절차에 출석하여 의견을 진술할 수 있다. 이 경우 필요한 절차에 관한 구체적 사항은 대법원규칙으로 정한다.

④ 제1항에 따른 변호사는 증거보전 후 관계 서류나 증거물, 소송계속 중의 관계 서류나 증거물을 열람하거나 등사할 수 있다.

⑤ 제1항에 따른 변호사는 형사절차에서 피해자등의 대리가 허용될 수 있는 모든 소송행위에 대한 포괄적인 대리권을 가진다.

⑥ 검사는 피해자에게 변호사가 없는 경우 국선변호사를 선정하여 형사절차에서 피해자의 권익을 보호할 수 있다.

제28조(성폭력범죄에 대한 전담재판부)

지방법원장 또는 고등법원장은 특별한 사정이 없으면 성폭력범죄 전담재판부를 지정하여 성폭력범죄에 대하여 재판하게 하여야 한다.

제29조(수사 및 재판절차에서의 배려)

① 수사기관과 법원 및 소송관계인은 성폭력범죄를 당한 피해자의 나이, 심리 상태 또는 후유장애의 유무 등을 신중하게 고려하여 조사 및 심리·재판 과정에서 피해자의 인격이나 명예가 손상되거나 사적인 비밀이 침해되지 아니하도록 주의하여야 한다.

② 수사기관과 법원은 성폭력범죄의 피해자를 조사하거나 심리·재판할 때 피해자가 편안한 상태에서 진술할 수 있는 환경을 조성하여야 하며, 조사 및 심리·재판 횟수는 필요한 범위에서 최소한으로 하여야 한다.

제30조(영상물의 촬영·보존 등) 판례문헌

① 성폭력범죄의 피해자가 19세 미만이거나 신체적인 또는 정신적인 장애로 사물을 변별하거나 의사를 결정할 능력이 미약한 경우에는 피해자의 진술 내용과 조사 과정을 비디오녹화기 등 영상물 녹화장치로 촬영·보존하여야 한다.

② 제1항에 따른 영상물 녹화는 피해자 또는 법정대리인이 이를 원하지 아니하는 의사를 표시한 경우에는 촬영을 하여서는 아니 된다. 다만, 가해자가 친권자 중 일방인 경우는 그러하지 아니하다.

③ 제1항에 따른 영상물 녹화는 조사의 개시부터 종료까지의 전 과정 및 객관적 정황을 녹화하여야 하고, 녹화가 완료된 때에는 지체 없이 그 원본을 피해자 또는 변호사 앞에서 봉인하고 피해자로 하여금 기명날인 또는 서명하게 하여야 한다.

④ 검사 또는 사법경찰관은 피해자가 제1항의 녹화장소에 도착한 시각, 녹화를 시작하고 마친 시각, 그 밖에 녹화과정의 진행경과를 확인하기 위하여 필요한 사항을 조서 또는 별도의 서면에 기록한 후 수사기록에 편철하여야 한다.

⑤ 검사 또는 사법경찰관은 피해자 또는 법정대리인이 신청하는 경우에는 영상물 촬영과정에서 작성한 조서의 사본을 신청인에게 발급하거나 영상물을 재생하여 시청하게 하여야 한다.

⑥ 제1항에 따라 촬영한 영상물에 수록된 피해자의 진술은 공판준비기일 또는 공판기일에 피해자나 조사 과정에 동석하였던 신뢰관계에 있는 사람 또는 진술조력인의 진술에 의하여 그 성립의 진정함이 인정된 경우에 증거로 할 수 있다.

⑦ 누구든지 제1항에 따라 촬영한 영상물을 수사 및 재판의 용도 외에 다른 목적으로 사용하여서는 아니 된다.

관련 행정규칙

제31조(심리의 비공개)

① 성폭력범죄에 대한 심리는 그 피해자의 사생활을 보호하기 위하여 결정으로써 공개하지 아니할 수 있다.

② 증인으로 소환받은 성폭력범죄의 피해자와 그 가족은 사생활보호 등의 사유로 증인신문의 비공개를 신청할 수 있다.

③ 재판장은 제2항에 따른 신청을 받으면 그 허가 및 공개 여부, 법정 외의 장소에서의 신문 등 증인의 신문 방식 및 장소에 관하여 결정할 수 있다.

④ 제1항 및 제3항의 경우에는 「법원조직법」 제57조(재판의 공개)제2항·제3항 및 「군사법원법」 제67조제2항·제3항을 준용한다. [개정 2013.4.5] [[시행일 2013.6.19]]

제32조(증인지원시설의 설치·운영 등) 판례

① 각급 법원은 증인으로 법원에 출석하는 피해자등이 재판 전후에 피고인이나 그 가족과 마주치지 아니하도록 하고, 보호와 지원을 받을 수 있는 적절한 시설을 설치한다.

② 각급 법원은 제1항의 시설을 관리·운영하고 피해자등의 보호와 지원을 담당하는 직원(이하 "증인지원관"이라 한다)을 둔다.

③ 법원은 증인지원관에 대하여 인권 감수성 향상에 필요한 교육을 정기적으로 실시한다.

④ 증인지원관의 업무·자격 및 교육 등에 필요한 사항은 대법원규칙으로 정한다.

관련 행정규칙

제33조(전문가의 의견 조회) 판례

① 법원은 정신건강의학과의사, 심리학자, 사회복지학자, 그 밖의 관련 전문가로부터 행위자 또는 피해자의 정신·심리 상태에 대한 진단 소견 및 피해자의 진술 내용에 관한 의견을 조회할 수 있다.

② 법원은 성폭력범죄를 조사·심리할 때에는 제1항에 따른 의견 조회의 결과를 고려하여야 한다.

③ 법원은 법원행정처장이 정하는 관련 전문가 후보자 중에서 제1항에 따른 전문가를 지정하여야 한다.

④ 제1항부터 제3항까지의 규정은 수사기관이 성폭력범죄를 수사하는 경우에 준용한다. 다만, 피해자가 13세 미만이거나 신체적인 또는 정신적인 장애로 사물을 변별하거나 의사를 결정할 능력이 미약한 경우에는 관련 전문가에게 피해자의 정신·심리 상태에 대한 진단 소견 및 진술 내용에 관한 의견을 조회하여야 한다.

제34조(신뢰관계에 있는 사람의 동석)

① 법원은 제3조 부터 제8조까지, 제10조 및 제15조(제9조의 미수범은 제외한다)의 범죄의 피해자를 증인으로 신문하는 경우에 검사, 피해자 또는 법정대리인이 신청할 때에는 재판에 지장을 줄 우려가 있는 등 부득이한 경우가 아니면 피해자와 신뢰관계에 있는 사람을 동석하게 하여야 한다.

② 제1항은 수사기관이 같은 항의 피해자를 조사하는 경우에 관하여 준용한다.

③ 제1항 및 제2항의 경우 법원과 수사기관은 피해자와 신뢰관계에 있는 사람이 피해자에게 불리하거나 피해자가 원하지 아니하는 경우에는 동석하게 하여서는 아니 된다.

제35조(진술조력인 양성 등)

① 법무부장관은 의사소통 및 의사표현에 어려움이 있는 성폭력범죄의 피해자에 대한 형사사법절차에서의 조력을 위하여 진술조력인을 양성하여야 한다.

② 진술조력인은 정신건강의학, 심리학, 사회복지학, 교육학 등 아동·장애인의 심리나 의사소통 관련 전문지식이 있거나 관련 분야

에서 상당 기간 종사한 사람으로 법무부장관이 정하는 교육을 이수하여야 한다. 진술조력인의 자격, 양성 및 배치 등에 관하여 필요한 사항은 법무부령으로 정한다. [개정 2020.10.20] [[시행일 2021.1.21]]

③ 법무부장관은 제1항에 따라 양성한 진술조력인 명부를 작성하여야 한다.

제35조의2(진술조력인의 결격사유)

다음 각 호의 어느 하나에 해당하는 사람은 진술조력인이 될 수 없다.

1. 피성년후견인

2. 금고 이상의 실형을 선고받고 그 집행이 종료(집행이 종료된 것으로 보는 경우를 포함한다)되거나 집행이 면제된 날부터 5년이 지나지 아니한 사람

3. 금고 이상의 형의 집행을 유예받고 그 유예기간이 완료된 날부터 2년이 지나지 아니한 사람

4. 금고 이상의 형의 선고를 유예받고 그 유예기간 중에 있는 사람

5. 제2호부터 제4호까지의 규정에도 불구하고 다음 각 목의 어느 하나에 해당하는 범죄를 저지른 사람으로서 형 또는 치료감호를 선고받고 확정된 후 그 형 또는 치료감호의 전부 또는 일부의 집행이 끝나거나(집행이 끝난 것으로 보는 경우를 포함한다) 집행이 유예·면제된 날부터 10년이 지나지 아니한 사람

   가. 제2조에 따른 성폭력범죄

   나. 「아동·청소년의 성보호에 관한 법률」 제2조제2호에 따른 아동·청소년대상 성범죄

다. 「아동학대범죄의 처벌 등에 관한 특례법」 제2조제4호에 따른 아동학대범죄

　　라. 「장애인복지법」 제86조, 제86조의2 및 제87조의 죄

　6. 제35조의3(이 조 제1호에 해당하게 되어 제35조의3제1항제2호에 따라 진술조력인의 자격이 취소된 경우는 제외한다)에 따라 진술조력인 자격이 취소된 후 3년이 지나지 아니한 사람

[본조신설 2020.10.20] [[시행일 2021.1.21]]

제35조의3(진술조력인의 자격취소)

① 법무부장관은 진술조력인 자격을 가진 사람이 다음 각 호의 어느 하나에 해당하는 경우에는 그 자격을 취소할 수 있다. 다만, 제1호 또는 제2호에 해당하는 경우에는 그 자격을 취소하여야 한다.

　1. 거짓이나 그 밖의 부정한 방법으로 자격을 취득한 사실이 드러난 경우

　2. 제35조의2 각 호의 결격사유 중 어느 하나에 해당하게 된 경우

　3. 제38조에 따른 진술조력인의 의무를 위반한 경우

　4. 고의나 중대한 과실로 업무 수행에 중대한 지장이 발생하게 된 경우

　5. 진술조력인의 업무 수행과 관련하여 부당한 금품을 수령하는 등 부정한 행위를 한 경우

　6. 정당한 사유 없이 법무부령으로 정하는 교육을 이수하지 않은 경우

　7. 그 밖에 진술조력인의 업무를 수행할 수 없는 중대한 사유가 발생한 경우

② 법무부장관은 제1항에 따라 진술조력인 자격을 취소하려는 경우에는 해당 진술조력인에게 자격 취소 예정인 사실과 그 사유를 통보하여야 한다. 이 경우 통보를 받은 진술조력인은 법무부에 출석하여 소명(疏明)하거나 소명에 관한 의견서를 제출할 수 있다.

③ 법무부장관은 제2항 후단에 따라 진술조력인이 소명하거나 소명에 관한 의견서를 제출한 경우 진술조력인 자격 취소 여부를 결정하기 위하여 외부 전문가의 의견을 들을 수 있다.

④ 법무부장관은 제1항에 따라 진술조력인 자격을 취소한 경우에는 즉시 그 사람에게 진술조력인 자격 취소의 사실 및 그 사유를 서면으로 알려주어야 한다.

⑤ 제1항에 따라 진술조력인 자격이 취소된 사람의 자격증 반납에 관해서는 법무부령으로 정한다.

[본조신설 2020.10.20] [[시행일 2021.1.21]]

제36조(진술조력인의 수사과정 참여)

① 검사 또는 사법경찰관은 성폭력범죄의 피해자가 13세 미만의 아동이거나 신체적인 또는 정신적인 장애로 의사소통이나 의사표현에 어려움이 있는 경우 원활한 조사를 위하여 직권이나 피해자, 그 법정대리인 또는 변호사의 신청에 따라 진술조력인으로 하여금 조사과정에 참여하여 의사소통을 중개하거나 보조하게 할 수 있다. 다만, 피해자 또는 그 법정대리인이 이를 원하지 아니하는 의사를 표시한 경우에는 그러하지 아니하다.

② 검사 또는 사법경찰관은 제1항의 피해자를 조사하기 전에 피해자, 법정대리인 또는 변호사에게 진술조력인에 의한 의사소통 중개나 보조를 신청할 수 있음을 고지하여야 한다.

③ 진술조력인은 조사 전에 피해자를 면담하여 진술조력인 조력 필요
성에 관하여 평가한 의견을 수사기관에 제출할 수 있다.

④ 제1항에 따라 조사과정에 참여한 진술조력인은 피해자의 의사소통
이나 표현 능력, 특성 등에 관한 의견을 수사기관이나 법원에 제출
할 수 있다.

⑤ 제1항부터 제4항까지의 규정은 검증에 관하여 준용한다.

⑥ 그 밖에 진술조력인의 수사절차 참여에 관한 절차와 방법 등 필요
한 사항은 법무부령으로 정한다.

제37조(진술조력인의 재판과정 참여) 판례

① 법원은 성폭력범죄의 피해자가 13세 미만 아동이거나 신체적인 또
는 정신적인 장애로 의사소통이나 의사표현에 어려움이 있는 경우
원활한 증인 신문을 위하여 직권 또는 검사, 피해자, 그 법정대리인
및 변호사의 신청에 의한 결정으로 진술조력인으로 하여금 증인 신
문에 참여하여 중개하거나 보조하게 할 수 있다.

② 법원은 증인이 제1항에 해당하는 경우에는 신문 전에 피해자, 법정
대리인 및 변호사에게 진술조력인에 의한 의사소통 중개나 보조를
신청할 수 있음을 고지하여야 한다.

③ 진술조력인의 소송절차 참여에 관한 구체적 절차와 방법은 대법원
규칙으로 정한다.

제38조(진술조력인의 의무) 판례벌칙

① 진술조력인은 수사 및 재판 과정에 참여함에 있어 중립적인 지위에
서 상호간의 진술이 왜곡 없이 전달될 수 있도록 노력하여야 한다.

② 진술조력인은 그 직무상 알게 된 피해자의 주소, 성명, 나이, 직업, 학교, 용모, 그 밖에 피해자를 특정하여 파악할 수 있게 하는 인적 사항과 사진 및 사생활에 관한 비밀을 공개하거나 다른 사람에게 누설하여서는 아니 된다.

제39조(벌칙적용에 있어서 공무원의 의제) 판례

진술조력인은 「형법」 제129조부터 제132조까지에 따른 벌칙의 적용에 있어서 이를 공무원으로 본다.

제40조(비디오 등 중계장치에 의한 증인신문)

① 법원은 제2조제1항제3호부터 제5호까지의 범죄의 피해자를 증인으로 신문하는 경우 검사와 피고인 또는 변호인의 의견을 들어 비디오 등 중계장치에 의한 중계를 통하여 신문할 수 있다.

② 제1항에 따른 증인신문의 절차·방법 등에 관하여 필요한 사항은 대법원규칙으로 정한다.

제41조(증거보전의 특례) 판례

① 피해자나 그 법정대리인 또는 경찰은 피해자가 공판기일에 출석하여 증언하는 것에 현저히 곤란한 사정이 있을 때에는 그 사유를 소명하여 제30조에 따라 촬영된 영상물 또는 그 밖의 다른 증거에 대하여 해당 성폭력범죄를 수사하는 검사에게 「형사소송법」 제184조(증거보전의 청구와 그 절차)제1항에 따른 증거보전의 청구를 할 것을 요청할 수 있다. 이 경우 피해자가 16세 미만이거나 신체적인 또는 정신적인 장애로 사물을 변별하거나 의사를 결정할 능력이 미약한

경우에는 공판기일에 출석하여 증언하는 것에 현저히 곤란한 사정이 있는 것으로 본다. [개정 2020.10.20] [[시행일 2021.1.21]]

② 제1항의 요청을 받은 검사는 그 요청이 타당하다고 인정할 때에는 증거보전의 청구를 할 수 있다.

제3장 신상정보 등록 등

제42조(신상정보 등록대상자) 판례

① 제2조제1항제3호·제4호, 같은 조 제2항(제1항제3호·제4호에 한정한다), 제3조부터 제15조까지의 범죄 및 「아동·청소년의 성보호에 관한 법률」 제2조제2호가목·라목의 범죄(이하 "등록대상 성범죄"라 한다)로 유죄판결이나 약식명령이 확정된 자 또는 같은 법 제49조제1항제4호에 따라 공개명령이 확정된 자는 신상정보 등록대상자(이하 "등록대상자"라 한다)가 된다. 다만, 제12조·제13조의 범죄 및 「아동·청소년의 성보호에 관한 법률」 제11조제3항 및 제5항의 범죄로 벌금형을 선고받은 자는 제외한다. [개정 2016.12.20]

② 법원은 등록대상 성범죄로 유죄판결을 선고하거나 약식명령을 고지하는 경우에는 등록대상자라는 사실과 제43조에 따른 신상정보 제출 의무가 있음을 등록대상자에게 알려 주어야 한다. [개정 2016.12.20]

③ 제2항에 따른 통지는 판결을 선고하는 때에는 구두 또는 서면으로 하고, 약식명령을 고지하는 때에는 통지사항이 기재된 서면을 송달하는 방법으로 한다. [신설 2016.12.20]

④ 법원은 제1항의 판결이나 약식명령이 확정된 날부터 14일 이내에 판결문(제45조제4항에 따라 법원이 등록기간을 달리 정한 경우에는 그 사실을 포함한다) 또는 약식명령 등본을 법무부장관에게 송달하여야 한다. [개정 2016.12.20]

제43조(신상정보의 제출 의무) 판례문헌벌칙

① 등록대상자는 제42조제1항의 판결이 확정된 날부터 30일 이내에 다음 각 호의 신상정보(이하 "기본신상정보"라 한다)를 자신의 주소지를 관할하는 경찰관서의 장(이하 "관할경찰관서의 장"이라 한다)에게 제출하여야 한다. 다만, 등록대상자가 교정시설 또는 치료감호시설에 수용된 경우에는 그 교정시설의 장 또는 치료감호시설의 장(이하 "교정시설등의 장"이라 한다)에게 기본신상정보를 제출함으로써 이를 갈음할 수 있다. [개정 2014.12.30, 2016.12.20]

1. 성명
2. 주민등록번호
3. 주소 및 실제거주지
4. 직업 및 직장 등의 소재지
5. 연락처(전화번호, 전자우편주소를 말한다)
6. 신체정보(키와 몸무게)
7. 소유차량의 등록번호

② 관할경찰관서의 장 또는 교정시설등의 장은 제1항에 따라 등록대상자가 기본신상정보를 제출할 때에 등록대상자의 정면·좌측·우측 상반신 및 전신 컬러사진을 촬영하여 전자기록으로 저장·보관하여야 한다. [개정 2016.12.20]

③ 등록대상자는 제1항에 따라 제출한 기본신상정보가 변경된 경우에는 그 사유와 변경내용(이하 "변경정보"라 한다)을 변경사유가 발생한 날부터 20일 이내에 제1항에 따라 제출하여야 한다. [개정 2016.12.20]

④ 등록대상자는 제1항에 따라 기본신상정보를 제출한 경우에는 그 다음 해부터 매년 12월 31일까지 주소지를 관할하는 경찰관서에 출석하여 경찰관서의 장으로 하여금 자신의 정면·좌측·우측 상반신 및 전신 컬러사진을 촬영하여 전자기록으로 저장·보관하도록 하여야 한다. 다만, 교정시설등의 장은 등록대상자가 교정시설 등에 수용된 경우에는 석방 또는 치료감호 종료 전에 등록대상자의 정면·좌측·우측 상반신 및 전신 컬러사진을 새로 촬영하여 전자기록으로 저장·보관하여야 한다. [개정 2016.12.20]

⑤ 관할경찰관서의 장 또는 교정시설등의 장은 등록대상자로부터 제출받은 기본신상정보 및 변경정보와 제2항 및 제4항에 따라 저장·보관하는 전자기록을 지체 없이 법무부장관에게 송달하여야 한다. [개정 2016.12.20]

⑥ 제5항에 따라 등록대상자에 대한 기본신상정보를 송달할 때에 관할경찰관서의 장은 등록대상자에 대한 「형의 실효 등에 관한 법률」 제2조제5호에 따른 범죄경력자료를 함께 송달하여야 한다. [개정 2016.12.20]

⑦ 기본신상정보 및 변경정보의 송달, 등록에 관한 절차와 방법 등 필요한 사항은 대통령령으로 정한다. [개정 2016.12.20]

제43조의2(출입국 시 신고의무 등) 판례

① 등록대상자가 6개월 이상 국외에 체류하기 위하여 출국하는 경우에는 미리 관할경찰관서의 장에게 체류국가 및 체류기간 등을 신고하여야 한다.

② 제1항에 따라 신고한 등록대상자가 입국하였을 때에는 특별한 사정이 없으면 14일 이내에 관할경찰관서의 장에게 입국 사실을 신고하여야 한다. 제1항에 따른 신고를 하지 아니하고 출국하여 6개월 이상 국외에 체류한 등록대상자가 입국하였을 때에도 또한 같다.

③ 관할경찰관서의 장은 제1항 및 제2항에 따른 신고를 받았을 때에는 지체 없이 법무부장관에게 해당 정보를 송달하여야 한다.

④ 제1항 및 제2항에 따른 신고와 제3항에 따른 송달의 절차 및 방법 등에 관하여 필요한 사항은 대통령령으로 정한다.

[본조신설 2016.12.20] [[시행일 2017.6.21]]

제44조(등록대상자의 신상정보 등록 등) 판례벌칙

① 법무부장관은 제43조제5항, 제6항 및 제43조의2제3항에 따라 송달받은 정보와 다음 각 호의 등록대상자 정보를 등록하여야 한다.

  1. 등록대상 성범죄 경력정보

  2. 성범죄 전과사실(죄명, 횟수)

  3. 「전자장치 부착 등에 관한 법률」에 따른 전자장치 부착 여부

② 법무부장관은 등록대상자가 제1항에 따라 등록한 정보를 정보통신망을 이용하여 열람할 수 있도록 하여야 한다. 다만, 등록대상자가 신청하는 경우에는 등록한 정보를 등록대상자에게 통지하여야 한다. [개정 2016.12.20] [[시행일 2017.6.21]]

③ 법무부장관은 제1항에 따른 등록에 필요한 정보의 조회(「형의 실효 등에 관한 법률」 제2조제8호에 따른 범죄경력조회를 포함한다)를 관계 행정기관의 장에게 요청할 수 있다.

④ 법무부장관은 등록대상자가 기본신상정보 또는 변경정보를 정당한 사유 없이 제출하지 아니한 경우에는 신상정보의 등록에 필요한 사항을 관계 행정기관의 장에게 조회를 요청하여 등록할 수 있다. 이 경우 법무부장관은 등록일자를 밝혀 등록대상자에게 신상정보를 등록한 사실 및 등록한 신상정보의 내용을 통지하여야 한다.

⑤ 제3항 및 제4항의 요청을 받은 관계 행정기관의 장은 지체 없이 조회 결과를 법무부장관에게 송부하여야 한다.

⑥ 제4항 전단에 따라 법무부장관이 기본신상정보를 등록한 경우에 등록대상자의 변경정보 제출과 사진 촬영에 대해서는 제43조제3항 및 제4항을 준용한다. [신설 2016.12.20] [[시행일 2017.6.21]]

⑦ 제1항 또는 제4항 전단에 따라 등록한 정보(이하 "등록정보"라 한다)의 열람, 통지 신청 및 통지의 방법과 절차 등에 필요한 사항은 대통령령으로 정한다. [신설 2016.12.20] [[시행일 2017.6.21]]

제45조(등록정보의 관리) 판례

① 법무부장관은 제44조제1항 또는 제4항에 따라 기본신상정보를 최초로 등록한 날(이하 "최초등록일"이라 한다)부터 다음 각 호의 구분에 따른 기간(이하 "등록기간"이라 한다) 동안 등록정보를 보존·관리하여야 한다. 다만, 법원이 제4항에 따라 등록기간을 정한 경우에는 그 기간 동안 등록정보를 보존·관리하여야 한다.

1. 신상정보 등록의 원인이 된 성범죄로 사형, 무기징역·무기금고형 또는 10년 초과의 징역·금고형을 선고받은 사람: 30년

2. 신상정보 등록의 원인이 된 성범죄로 3년 초과 10년 이하의 징역·금고형을 선고받은 사람: 20년

3. 신상정보 등록의 원인이 된 성범죄로 3년 이하의 징역·금고형을 선고받은 사람 또는 「아동·청소년의 성보호에 관한 법률」 제49조제1항제4호에 따라 공개명령이 확정된 사람: 15년

4. 신상정보 등록의 원인이 된 성범죄로 벌금형을 선고받은 사람: 10년

② 신상정보 등록의 원인이 된 성범죄와 다른 범죄가 「형법」 제37조(판결이 확정되지 아니한 수개의 죄를 경합범으로 하는 경우로 한정한다)에 따라 경합되어 「형법」 제38조에 따라 형이 선고된 경우에는 그 선고형 전부를 신상정보 등록의 원인이 된 성범죄로 인한 선고형으로 본다.

③ 제1항에 따른 등록기간을 산정하기 위한 선고형은 다음 각 호에 따라 계산한다. 제2항이 적용되는 경우도 이와 같다.

1. 하나의 판결에서 신상정보 등록의 원인이 된 성범죄로 여러 종류의 형이 선고된 경우에는 가장 무거운 종류의 형을 기준으로 한다.

2. 하나의 판결에서 신상정보 등록의 원인이 된 성범죄로 여러 개의 징역형 또는 금고형이 선고된 경우에는 각각의 기간을 합산한다. 이 경우 징역형과 금고형은 같은 종류의 형으로 본다.

3. 「소년법」 제60조에 따라 부정기형이 선고된 경우에는 단기를 기준으로 한다.

④ 법원은 제2항이 적용(제3항이 동시에 적용되는 경우를 포함한다)되어 제1항 각 호에 따라 등록기간이 결정되는 것이 부당하다고 인정하는 경우에는 판결로 제1항 각 호의 기간 중 더 단기의 기간을 등록기간으로 정할 수 있다.

⑤ 다음 각 호의 기간은 제1항에 따른 등록기간에 넣어 계산하지 아니한다.

 1. 등록대상자가 신상정보 등록의 원인이 된 성범죄로 교정시설 또는 치료감호시설에 수용된 기간

 2. 제1호에 따른 기간 이전의 기간으로서 제1호에 따른 기간과 이어져 등록대상자가 다른 범죄로 교정시설 또는 치료감호시설에 수용된 기간

 3. 제1호에 따른 기간 이후의 기간으로서 제1호에 따른 기간과 이어져 등록대상자가 다른 범죄로 교정시설 또는 치료감호시설에 수용된 기간

⑥ 법무부장관은 제44조제1항에 따른 등록 당시 등록대상자가 교정시설 또는 치료감호시설에 수용 중인 경우에는 등록대상자가 석방된 후 지체 없이 등록정보를 등록대상자의 관할경찰관서의 장에게 송부하여야 한다.

⑦ 관할경찰관서의 장은 등록기간 중 다음 각 호의 구분에 따른 기간마다 등록대상자와의 직접 대면 등의 방법으로 등록정보의 진위와 변경 여부를 확인하여 그 결과를 법무부장관에게 송부하여야 한다.

 1. 제1항에 따른 등록기간이 30년인 등록대상자: 3개월

 2. 제1항에 따른 등록기간이 20년 또는 15년인 등록대상자: 6개월

 3. 제1항에 따른 등록기간이 10년인 등록대상자: 1년

⑧ 제7항제2호 및 제3호에도 불구하고 관할경찰관서의 장은 다음 각
호의 구분에 따른 기간 동안에는 3개월마다 제7항의 결과를 법무부
장관에게 송부하여야 한다.
1.「아동·청소년의 성보호에 관한 법률」 제49조에 따른 공개대상자
인 경우: 공개기간
2.「아동·청소년의 성보호에 관한 법률」 제50조에 따른 고지대상자
인 경우: 고지기간

제48조(비밀준수) 판례벌칙
등록대상자의 신상정보의 등록·보존 및 관리 업무에 종사하거나 종사
하였던 자는 직무상 알게 된 등록정보를 누설하여서는 아니 된다.

제49조(등록정보의 고지) 판례
① 등록정보의 고지에 관하여는 「아동·청소년의 성보호에 관한 법률」
제50조 및 제51조를 적용한다.
② 등록정보의 고지는 여성가족부장관이 집행한다.
③ 법무부장관은 등록정보의 고지에 필요한 정보를 여성가족부장관에
게 송부하여야 한다.
④ 제3항에 따른 정보 송부에 관한 세부사항은 대통령령으로 정한다.

제4장 벌칙

제50조(벌칙) 판례문헌

① 다음 각 호의 어느 하나에 해당하는 자는 5년 이하의 징역 또는 5천만원 이하의 벌금에 처한다.

　1. 제48조를 위반하여 직무상 알게 된 등록정보를 누설한 자

　2. 정당한 권한 없이 등록정보를 변경하거나 말소한 자

② 다음 각 호의 어느 하나에 해당하는 자는 3년 이하의 징역 또는 3천만원 이하의 벌금에 처한다. [개정 2020.10.20] [[시행일 2021.1.21]]

　1. 제24조제1항 또는 제38조제2항에 따른 피해자의 신원과 사생활 비밀 누설 금지 의무를 위반한 자

　2. 제24조제2항을 위반하여 피해자의 인적사항과 사진 등을 공개한 자

③ 다음 각 호의 어느 하나에 해당하는 자는 1년 이하의 징역 또는 500만원 이하의 벌금에 처한다. [개정 2016.12.20]

　1. 제43조제1항을 위반하여 정당한 사유 없이 기본신상정보를 제출하지 아니하거나 거짓으로 제출한 자 및 같은 조 제2항에 따른 관할경찰관서 또는 교정시설의 장의 사진촬영에 정당한 사유 없이 응하지 아니한 자

　2. 제43조제3항(제44조제6항에서 준용하는 경우를 포함한다)을 위반하여 정당한 사유 없이 변경정보를 제출하지 아니하거나 거짓으로 제출한 자

3. 제43조제4항(제44조제6항에서 준용하는 경우를 포함한다)을 위반하여 정당한 사유 없이 관할 경찰관서에 출석하지 아니하거나 촬영에 응하지 아니한 자

④ 제2항제2호의 죄는 피해자의 명시한 의사에 반하여 공소를 제기할 수 없다.

⑤ 제16조제2항에 따라 이수명령을 부과받은 사람이 보호관찰소의 장 또는 교정시설의 장의 이수명령 이행에 관한 지시에 불응하여 「보호관찰 등에 관한 법률」 또는 「형의 집행 및 수용자의 처우에 관한 법률」에 따른 경고를 받은 후 재차 정당한 사유 없이 이수명령 이행에 관한 지시에 불응한 경우에는 다음 각 호에 따른다. [개정 2016.12.20]

1. 벌금형과 병과된 경우는 500만원 이하의 벌금에 처한다.

2. 징역형 이상의 실형과 병과된 경우에는 1년 이하의 징역 또는 5 백만원 이하의 벌금에 처한다.

제51조(양벌규정)

법인의 대표자나 법인 또는 개인의 대리인, 사용인, 그 밖의 종업원이 그 법인 또는 개인의 업무에 관하여 제13조 또는 제43조의 위반행위를 하면 그 행위자를 벌하는 외에 그 법인 또는 개인에게도 해당 조문의 벌금형을 과(科)한다. 다만, 법인 또는 개인이 그 위반행위를 방지하기 위하여 해당 업무에 관하여 상당한 주의와 감독을 게을리하지 아니한 경우에는 그러하지 아니하다.

제52조(과태료) 판례

① 정당한 사유 없이 제43조의2제1항 또는 제2항을 위반하여 신고하지 아니하거나 거짓으로 신고한 경우에는 300만원 이하의 과태료를 부과한다.

② 제1항에 따른 과태료는 대통령령으로 정하는 바에 따라 관할경찰관서의 장이 부과·징수한다.

(참고문헌)

1. 강민구, 『성범죄 성매매 성희롱』, 박영사, 2016.

2. 강석산, 「여성 범죄에 관한 연구」, 경남대학교 법학과 박사학위논문, 1990.

3. 강정혜, 「소녀 비행의 발생 요인 분석 및 그 예방 대책에 관한 연구 사회 사업적 접근」, 연세대학교 사회사업학과 석사학위논문, 1987.

4. 곽미영, 「여성 사인범죄의 특성에 관한 연구」, 경기대학교 석사학위논문, 2005.

5. 김경태, 「여성 범죄의 현황과 대책 방안」, 『한국콘텐츠학회논문지』, 08:7, 2007, 191-198.

6. 김동오, 「우리나라 여성의 범죄 요인과 지도에 관한 연구」, 숙명여자대학교 교육학과 석사학위논문, 1975.

7. 김영진, 『법 여성학』, 에듀컨텐츠휴피아, 2016.

8. 김인숙, 「여성 출소자들의 재사회화에 관한 연구」, 『한국형사정책학회』, 1991.

9. 노성호, 『피해자학』, 도서출판그린, 2018.

10. 대검찰청, 『2017 범죄분석』

11. 박광섭, 「한국 여성 범죄의 실태 및 연구 동향」, 10 9, 1998, 75-107.

12. 박상주, 「여성 범죄의 고전적 이론에 관한 고찰」, 『한국자치행정학보』, 23권 2호, 209-226.

13. 서은경, 「한국 여성 범죄자의 생애 단계별 경험에 대한 연구」, 경기대학교 박사학위논문, 2014.

14. 소성규, 『법 여성학』, 동방문화사, 1996, 6.

15. 소성규, 『법 여성학 강의』, 동방문화사, 2014.

16. 송광섭 · 정승헌, 「여성 범죄의 현황과 그 대처 방안」, 『조선대 법학 논총』, 4, 1998, 431-448.

17. 신석균, 「한국 여성 범죄에 관한 사회학적 고찰」, 이화여자대학교 사회학 석사학위논문, 1976.

18. 양성호, 「한국 여성 범죄의 특성에 관한 연구」, 연세대학교 행정대학원 석사학위논문, 1984.

19. 이재경 외 5, 『여성학』, 미래엠앤비, 2010, 78.

20. 오성제, 「여성 범죄의 원인과 대책에 관한 연구—교정 처우 방안을 중심으로—」, 호서대학교 석사학위논문, 2010.

21. 오윤성, 『범죄는 나를 피해가지 않는다』 지금이책, 2017.

22. 이보영, 「여성 범죄의 현황과 특성, 교정 처우 방안」, 『비교법학연구』, 2004, 207-229.

23. 이만종, 「여성 범죄 경향과 관련 요인에 관한 고찰」, 『한국부패학보』, 제14권 제4호, 2009, 186-205 53.

24. 이재경 외 1, 『여성학』, 미래인, 2010.

25. 임명순, 「한국 여성 범죄의 현황과 대책」, 0.5, 『한국경호경비학회』, 2002, 291-308.

26. 윅스, 제프리, 『섹슈얼리티: 성의 정치』, 서동진 옮김, 현실문화연구, 1999.

27. 조순현, 「범죄학에서 본 여성 범죄 소고」, 『교육연구』, 제28집, 1994, 253-269.

28. 주완, 「외환위기 이후 국내 경기순환의 특징」, 현대경제연구원, 2005, 재인용.

29. 정진연, 「여성 범죄에 관한 연구」, 『형사정책』, 제8호, 1996, 170-194.

30. 최영인, 염건령, 『현대 여성학과 여성 범죄 이론』, 백산출판사, 2005.

31. 최준, 「여성 범죄와 여성 수형자 처우」, 『법학연구』, 제18권 제1호, 2010, 385-414.

32. 최인섭·전영실, 「여성 범죄의 실태에 관한 연구」, 『한국형사정책연구원』, 12;, 1992, 15-204.

33. 프렌시스 하이덴손, 『여성과 범죄』, 나남출판, 1994.

34. 《한겨레 신문》 사회면, 1996. 6. 2.

35. 홍영화, 「한국 여성 범죄에 관한 연구」, 동국대학교 석사학위논문, 2004.

36. A. Johnes, 『Women Who Kill』, London: Gollancz, 1990.

37. A. R. Harris, 『Sex and Theories of Deviance: Toward A Functional Theory of Deviant Type—Scripts**』, 『American Sociological Review』, 42(1):, 1977, 3-16.

38. A. Oakely, 『Subjective Women』, Martin Robertson, Oxford, 1981.

39. A. Oakley, 『Sex, Gender and Society』, Temple Smith, 1972, 68.

40. C. Bishop, 「Women and Crime」, London Chartto & Windus, 1931.

41. C. R. Mann, 「Female Crime and Delinquency」, The University of Alabama Press, 1984, 87.

42. C. Peachee, 「A Description of Female Offenders at Kentucky Correctional Institution for Women」, 「National Institute of Justice」, 1981.

43. D. Klein, 「**The Etiology of Female Crime: A Review of the Literature」, 「Issues in Criminology」 8:, 1973, 6.

44. D. J. Steffensmeier and M. J. Cobb, 「Sex Differences in Urban Arrest Patterns,1934-79」, 「Social Problems」, 29(1):, 1981, 37-50.

45. D. Steffensmeier and C. Streifel, 「Age, Gender, and Crime Accross Three Historical Periods: 1935, 1960, 1985」, 「Social Forces」, 69(3):, 1991, 869-894.

46. F. Adler, 「Sisters in Crime」, McGraw-Hill, 1975.

47. F. B. Leonard, 「Women, Crime and Society—A Critique of Criminology Theory」, Longman, 1982.

48. F. Heidensohn, 「The Deviance of Women: A Critique and an Enquiry」, 「British Journal of Sociology」, 19(2):, 1968, 170.

49. Flowers, Ronald B., 「Women and criminality— the woman as victim, offender, and practitioner」, New York— Greenwood Press, 1987, 98-100.

50. J. Cowie, V. Cowie and E. Slater, 「Delinquency in Girls」, Heinemann, 1968.

51. J. Lown, 「Not So Much a factory, More a Form of patriarchy: Gender and Class During Industrialization」, in Garmarnikow et al, 1983.

52. J. James, 「**Motivation for Entrance into Prostitutionin The Female Offender」, D. C. Heath, 1976, 202.

53. J. Best and D. F. Luckenbill, 「Male Dominance and Female Criminality: A Test of Harris's Theory of Deviant Type—Scripts w」, 「Sociological Inquiry」, 60(1):, 1990, 71-86.

54. M. B. Rani, 「Female Criminality—An Empirical Study in Andhra Pradesh—」, EasternBook, 1987.

55. M. A. Bertrand, 「u Self—Image and Delinquency l A Contribution to the Study of Female Criminality and Women's Image」, 「Acta Criminologica」, 1969, 74.

56. O. Pollak, 「Criminality of Women」, The University of Pennsylvania Press,

1950, 123.

57. R. A. Cloward and L. Ohlin, 『Delinquency and Opportunity』, Free Press, l960.

58. R. B. Flowers, 『Women and Criminality』, Greenwood, 1987, 98-100.

59. R. Dobash and R.E. Dobash, 『Violence against wives』, Open Book London, 1981.

60. R. J. Simon, 『Women and Crime』, D. C. Heath, 1975.

61. S. A. Cernkovich and P. C. Giordano, 『Delinquency, Opportunity and Gender』, 『Journal of Criminal Law and Criminology』, 70*, 1979, 145-151.

62. S. J. South and S. F. Messner, 『The Sex Ratio and Women's Involvement in Crime: A Cross-National Analysis』, 『Sociological Quarterly』, 28(2):, 1986, 171-188.

63. S. Box and C. Hale 『Liberation and Female Criminality in England and Wales』, 『British Journal of Criminology』, vol 23, no 1, 1983.

여성과 범죄

여성과 범죄

초판 1쇄 인쇄 2021년 02월 25일
초판 1쇄 발행 2021년 03월 04일
지은이 박선영

펴낸이 김양수
편집디자인 이정은
교정교열 이봄이

펴낸곳 도서출판 맑은샘
출판등록 제2012-000035
주소 경기도 고양시 일산서구 중앙로 1456(주엽동) 서현프라자 604호
전화 031) 906-5006
팩스 031) 906-5079
홈페이지 www.booksam.kr
블로그 http://blog.naver.com/okbook1234
이메일 okbook1234@naver.com

ISBN 979-11-5778-480-6 (03350)